정관변경

정관변경

초판 인쇄 2020년 3월 5일
초판 발행 2020년 3월 9일

지은이 김춘수
펴낸이 이혜숙
펴낸곳 (주)스타리치북스

출판 감수 이은희
출판 책임 권대홍
출판 진행 황유리
본문 편집 이은정
본문 교정 이상희
표지 디자인 권대홍
본문 디자인 스타리치북스 디자인팀
홍보 마케팅 허성권

등록 2013년 6월 12일 제2013-000172호
주소 서울시 강남구 강남대로62길 3 한진빌딩 2~8층
전화 02-6969-8955

스타리치북스 페이스북 www.facebook.com/starrichbooks
스타리치북스 블로그 blog.naver.com/books_han
스타리치몰 www.starrichmall.co.kr
홈페이지 www.starrichbooks.co.kr
글로벌기업가정신협회 www.epsa.or.kr

값 12,000원
ISBN 979-11-85982-67-0 13320

법인컨설팅 실무달인이 전하는
현장 목소리 첫 번째

정관변경

김춘수 지음

StarRich
Books

대표는 정관의 중요성을
반드시 알고 있어야

수많은 비상장법인을 상담하면서 정관의 중요성을 인식하지 못하는 법인이 대부분이었음을 기억합니다. 꽤 많은 컨설턴트가 정관을 정확하게 설명하지 못한다는 사실 또한 현장에서 목격하였습니다. 이것이 《정관변경》 집필을 결심한 동기입니다. 전국의 컨설턴트, 그리고 법인 대표님들은 정관의 중요성을 반드시 알고 있어야 합니다. 왜 그럴까요?

첫째, 정관에 세무적으로 심각한 문제를 일으키는 조항이 포함되어 있을 수 있습니다.

많은 법인이 정관을 '회사를 설립할 때 처음 작성된 규칙' 정도로만 인식하고 있습니다. 회사를 운영하는 과정에서 정관 때문에 문제가 발생한 경험이 없다보니 그런 생각을 하는 것 같습니다. 틀린 말은 아닙니다. 정관은 법인 설립 후 수년 동안 개정 또는 변경을 하지 않더라도 회사를 운영하는 데는 별 문제가 되지 않습니다. 왜냐하면 정관은 주로 상법과 관련된 내용이기에 소송과 연관되지 않는다면 큰 문제가 없을 수도 있기 때문입니다.

그러나 정관에는 잘못 적용하면 세무적으로 심각한 문제를 발생시킬 수 있는 항목이 존재합니다. 이 항목을 어떻게 개정하고 적용하느냐에 따라 세무적 위험을 사전에 방지할 수 있습니다.

둘째, 정관에 관련 규정이 있어야만 위험을 예방할 수 있는 조항이 있습니다.

법인의 위임을 받은 이사, 감사는 회사를 운영하면서 여러 위험에 노출될 수밖에 없습니다. 자신의 잘못된 의사결정에 의한 경우도 있을 것이며, 외부 요인에 의한 경우도 있을 것입니다. 이때 정관에 관련 항목이 어떤 내용으로 되어 있느냐에 따라 그 책임의 한도가 무한책임, 유한책임으로 구분됩니다. 이 때문에 정관은 모든 법인이 공통적으로 사용하는 표준정관이 아니라 법인의 상황에 맞는 맞춤정관이 되어야 합니다. 그래야 억울한 일을 당하지 않습니다.

수많은 법인 대표님 또는 실무 담당자는 정관을 개정해야 한다는 말을 주위에서 수없이 듣습니다. 그러나 정작 정관을 왜 개정해야 하는지, 개정하지 않으면 어떤 문제가 있고, 개정하면 어떤 위험요소가 사라지는지, 개정된 내용을 어떻게 활용하면 효율적인지에 대한 설명을 해주는 사람은 없습니다. 대표님과 실무진은 '그냥 제가 다 알아서 처리해드리겠습니다' 라는 식의 얘기를 듣는 것에 대해 적잖은 답답함을 느끼셨을 것입니다.

이것이 이 책의 집필을 결심하게 된 결정적인 이유입니다.

《정관변경》은 이런 답답함을 일부 해소해주는 동시에 정관이 법인 설립 시 작성하는 형식적인 서류가 아니라 법인 운영에서 중요한 운영 규칙임을 일깨워주는 역할을 할 것입니다.

지금까지 '정관변경'을 주제로 집필된 책은 어디에도 없었으며, 이처럼 세부적으로 법인 컨설팅 현장을 다룬 책 또한 없었습니다. 이 책은 그저 정관을 정리하는 선에서 그치는 것이 아니라 전국 법인 수천 곳을 컨설팅하면서 경험한 내용을 담았습니다. 정관을 상법적 관점에서는 어떻게 적용할 것인지, 세무적 관점에서는 어떻게 적용할 것인지, 그리고 이 두 가지를 어떻게 연결하여 적용할 것인지에 대한 내용을 '정관변경의 11가지 기본 원칙'에 입각한 해설과 함께 상세히 설명하였습니다.

또한 실제 정관 샘플을 조항마다 설명하고, 삭제하거나 새롭게 추가하는 조항이 있을 경우 왜 그래야 하는지에 대해서도 설명하였습니다. 개정된 정관에 상세한 설명을 첨부함으로써 실무에 도움이 될 수 있도록 하였으며, 기존 정관의 어떤 내용이 개정되었는지 한눈에 비교할 수 있도록 '정관개정 신·구조문 대조표'를 수록하였습니다.

이 책에서 다룬 내용만 숙독하신다면 법인 실무 담당자는 물론 법인 경영 컨설팅 종사자도 정관에 대해서는 큰 어려움 없이 업무를 수행하실 수 있으리라 확신합니다.

출간에 도움을 주신 분들이 많습니다. 전국의 수많은 법인 대표님, 실무 담당자님, 그리고 법인을 상담하면서 축적된 경험과 노하우를 한 권의 책으로 완성하도록 권유해주신 스타리치 어드바이져 김광열 대표님과 실무 총괄 역할을 담당해주신 이혜숙 이사님께 진심으로 감사의 말씀을 드립니다.

끝으로 어려운 환경 속에서도 올곧게 길러주신 부모님과 항상 옆에서 이해해주고 격려해주며 힘이 되어주는 나의 천사, 사랑하는 아내 도향숙에게 진심으로 고맙고, 감사하고, 사랑한다는 말을 전하면서 첫 번째 책을 바칩니다.

김춘수_(주)스타리치 어드바이져 법인 전문 경영 컨설팅 영업이사

차례

01. 정관이란

　　사업을 구상하여 법인을 설립하게 되면 그 법인을 어떻게
운영하겠다는 목표 또는 목적을 세우게 되는데 이를 법에서
허용하는 범위로 문서화한 것이 바로 정관입니다. 회사를 설
립할 때는 사원(출자사원) 또는 발기인(주주)이 정관을 작성
해야 합니다. 정관은 관련법인 상법에 따라 작성하는데 세부
내용으로는 법인의 명칭, 목적, 사무소의 소재지, 자산의 구
분과 관리, 회계처리방법, 사업계획 및 예산, 임원의 선임 등
이 포함되어 있으며 필수기재사항을 제외하고는 법인의 운영
목적에 맞게 작성할 수도 있습니다.

　　정관은 원시정관 상태로 법인을 운영해도 크게 문제되지
않으나 분쟁이 발생하면 정관 내용이 중요한 증빙자료 역할
을 할 수 있기 때문에 회사 상황을 종합적으로 검토하여 형식

적이 아니라 구체적으로 작성할 필요가 있습니다.

또한, 정관은 필수기재사항을 제외하면 자치규약의 성격이 있기 때문에 법인 운영 과정에서 상위 법률과 충돌이 일어나는 경우 우선할 수 없다는 점도 기억해야 할 사항입니다.

1. 정관의 기재사항

정관의 기재사항에는 ① 절대적 기재사항, ② 상대적 기재사항, ③ 임의적 기재사항이 있습니다.

2. 정관의 절대적 기재사항

상법에서는 정관이 효력을 가지기 위한 요건들을 열거했는데, 이를 정관의 '절대적 기재사항'이라고 하며, 반드시 정관에 기재해야 하는 사항을 말합니다. 이 중 한 가지라도 누락될 경우 정관 자체가 무효가 될 뿐만 아니라 회사 설립 자체가 무효가 됩니다. 절대적 기재사항은 회사 종류별로 차이가 있습니다.

1) 주식회사(상법 제289조)의 절대적 기재사항
　　① 사업의 목적
　　② 회사 상호
　　③ 회사가 발행할 주식의 총수

④ 액면주식을 발행하는 경우 1주의 금액

⑤ 회사 설립 시에 발행하는 주식의 총수

⑥ 본점의 소재지

⑦ 회사가 공고를 하는 방법

⑧ 발기인(최초 주주)의 성명, 주민등록번호 및 주소

⑨ 발기인이 기명날인 또는 서명

2) 합명회사(상법 제179조)의 절대적 기재사항

① 사업의 목적

② 회사 상호

③ 사원의 성명, 주민등록번호 및 주소

④ 사원의 출자 목적과 가격 또는 그 평가의 표준

⑤ 본점의 소재지

⑥ 정관의 작성연월일

⑦ 총사원이 기명날인 또는 서명

3) 합자회사(상법 제270조)의 절대적 기재사항

① 사업의 목적

② 회사 상호

③ 사원의 성명, 주민등록번호 및 주소

④ 사원의 출자 목적과 가격 또는 그 평가의 표준

⑤ 본점의 소재지

⑥ 정관의 작성연월일

⑦ 각 사원의 무한책임 또는 유한책임인 것

⑧ 총사원이 기명날인 또는 서명

4) 유한책임회사(상법 제287조의3)의 절대적 기재사항

① 사업의 목적

② 회사 상호

③ 사원의 성명, 주민등록번호 및 주소

④ 본점의 소재지

⑤ 정관의 작성연월일

⑥ 사원의 출자 목적 및 가액

⑦ 자본금의 액

⑧ 업무집행자의 성명(법인의 경우에는 명칭) 및 주소

⑨ 각 사원이 기명날인 또는 서명

5) 유한회사(상법 제543조)의 절대적 기재사항

① 사업의 목적

② 사원의 성명, 주민등록번호 및 주소

③ 자본금의 총액

④ 출자 1좌의 금액

⑤ 각 사원의 출자좌수

⑥ 본점의 소재지

⑦ 각 사원이 기명날인 또는 서명

3. 정관의 상대적 기재사항

정관에 그 내용이 기재되지 않더라도 정관의 효력에는 영향이 없지만, 실행을 하려면 정관에 반드시 기재되어야 하는 사항을 '상대적 기재사항'이라고 합니다.

예를 들면, 이사회를 소집하기 위해서는 1주간 전(상법 제390조)에 각 이사 및 감사에게 소집통지서를 발송하여야 합니다. 다만, 정관으로 그 기간을 3일, 5일 등으로 단축할 수 있습니다.

즉, 정관에 이사회의 소집통지 기간이 기재되지 않은 경우 정관의 효력이 상실되거나 이사회 소집통지를 못하는 것은 아닙니다. 효력에는 영향이 없다는 뜻입니다. 상법의 규정에 따라 1주간 전에 소집통지서를 발송하면 됩니다. 다만, 이사회 소집통지를 3일 전에 발송하기를 희망하는 회사는 반드시 3일 전에 소집통지서를 발송하도록 정관을 개정해야 합니다.

4. 정관의 임의적 기재사항

정관에 그 내용이 기재되지 않았다 하더라도 정관의 효력에는 영향이 없는 것은 상대적 기재사항과 같지만, 정관에 그 내용을 기재하면 그대로 따라야 하는 사항을 '임의적 기재사항'이라고 합니다.

예를 들면, 이사와 감사의 수를 들 수 있습니다. 상법에서는 이사의 수를 3명 이상으로, 감사의 수를 1명 이상으로 규정하였습니다. 그런데 정관에 "이사의 수를 4명으로 한다. 감사의 수를 2명으로 한다"라고 규정되어 있으면 그 회사는 반드시 이사 4명, 감사 2명을 선임해야 하는 구속력을 가지는 것입니다.

절대적 기재사항	누락 ➡	정관효력 상실 & 회사설립 자체 무효
상대적 기재사항	누락 ➡	정관효력 유지 & 실행하기 위해서는 반드시 기재
임의적 기재사항	누락 ➡	정관효력 유지 & 기재하면 구속력 있음

즉, 절대적 기재사항이 누락된 경우 정관의 효력도 상실되고 회사 설립 자체가 무효가 되니 당연히 실행할 수 없습니다. 상대적 기재사항이 누락된 경우 정관의 효력에는 영향이 없지만 실행할 수 없고, 임의적 기재사항은 정관에 반드시 기재되어야 정관의 효력이 생기는 것은 아니지만 규정을 기재하면 그 규정대로 따라야 하는 구속력이 생깁니다.

02. 정관변경 절차

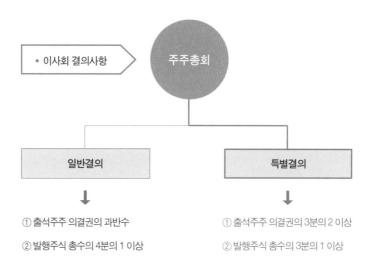

회사를 운영하는 중 정관변경의 필요성을 인식하여 변경하려는 경우에는 주주총회 특별결의 사항을 따라야 합니다. 그런데 주주총회를 열기 위해서는 이사회에서 먼저 이를 결정해야 하기 때문에 이사회 결의가 우선되어야 합니다. 물론 이사가 1명 또는 2명인 경우 이사회 구성이 의무사항이 아니기 때문에 주주총회에서 정관변경만 결의하면 됩니다.

주주총회의 결의로 정관을 변경한 경우 주의할 점이 세 가지 있습니다.

첫째, 주주총회 결의 이후 변경된 정관의 효력이 즉시 발생되는 규정은 주주총회 의사록만 보관하면 큰 문제가 없습니다.

둘째, 상호, 목적 등 등기사항이 변경된 경우에는 주주총회 결의 이후 14일 이내에 등기하지 않으면 과태료가 부과될 수도 있으니 등기 시기를 놓치지 말아야 합니다.

셋째, 주식양도 제한과 같이 정관의 변경만으로는 효력이 발생되지 않고 등기해야 효력이 발생되는 사항이 있습니다.

📋 관련 법령

상법 제433조 【정관변경의 방법】 ① 정관의 변경은 주주총회의 결의에 의하여야 한다.

상법 제434조 【정관변경의 특별결의】 제433조 제1항의 결의는 출석한 주주의 의결권의 3분의 2 이상의 수와 발행주식총수의 3분의 1 이상의 수로써 하여야 한다.

상법 제362조 【소집의 결정】 총회의 소집은 본법에 다른 규정이 있는 경우 외에는 이사회가 이를 결정한다.

03. 정관과 관련된 상법 개정 내용

　　정관과 관련된 상법이 이미 오래전에 개정되었는데도 현
장에서는 아직도 정확히 인식하지 못하는 경우가 많아 개정
된 내용 몇 가지를 정리해보았습니다.

1. 발기인(주주) 개정

　　과거 주식회사를 설립할 때는 발기인(주주)을 3인 이상으
로 하는 것이 강제조항이었습니다. 발기인이 부족한 법인은
상법 규정을 지키려다 보니 친인척, 직원 등을 발기인으로 참

여시켜 신고하기도 했습니다. 법인현장에서는 이 규정을 오해하여 잘못 적용함으로써 차명주식이라는 심각한 문제가 발생하는 계기가 되었으며, 지금도 해결방법을 찾지 못하여 법인의 큰 골칫거리의 하나로 여겨지기도 합니다.

하지만 2001년 7월 24일 상법을 개정할 때 발기인의 수와 관련된 제한을 없앰으로써 발기인이 1인 이상이면 주식회사를 설립할 수 있게 되었습니다.

 관련 법령

상법 제288조 【발기인】 주식회사를 설립함에는 발기인이 정관을 작성하여야 한다.

2. 이사·감사 원수 개정

주식회사를 설립하려면 이사의 수를 3명 이상으로 강제하던 규정을 단계적으로 개정하여 현재는 자본금 총액이 10억 원 미만인 회사의 경우 1명 또는 2명으로 할 수 있도록 하였습니다.

감사 역시 1명 이상을 선임하도록 강제하던 것을 자본금 총액이 10억 원 미만인 회사는 감사를 선임하지 않아도 될 수 있도록 개정하였습니다.

 관련 법령

상법 제383조 【원수, 임기】 ① 이사는 3명 이상이어야 한다. 다만, 자본금 총액이 10억 원 미만인 회사는 1명 또는 2명으로 할 수 있다.

상법 제409조 【선임】 ④ 제1항, 제296조 제1항 및 제312조에도 불구하고 자본금의 총액이 10억 원 미만인 회사의 경우에는 감사를 선임하지 아니할 수 있다.

3. 설립 자본금 개정

자본금	자본금
5,000만 원 이상	100원 이상

주식회사를 설립하기 위해서는 법인을 운영할 최소한의 자금이 필요하다는 취지로 5,000만 원의 최소 자본금을 강제하던 것을 주식회사 설립을 좀더 자유롭게 허용하기 위하여 100원 이상으로 개정하였습니다.

발기인 수의 강제규정을 잘못 적용함으로써 차명주식 문제가 발생하는 계기가 되었다면, 설립 초기 최소 자본금의 강제규정을 잘못 활용함으로써 법인에 가지급금이 발생하는 빌미가 되었습니다.

4. 원시정관 공증의무 개정

정관공증	정관공증
원시정관 의무	원시정관 선택

법인설립 시 최초로 작성되는 정관을 원시정관이라고 하는데, 원시정관은 공증인의 공증을 받음으로써 효력이 발생합니다. 그러나 자본금 총액이 10억 원 미만인 회사는 발기설립하는 경우 발기인이 정관을 작성하여 기명날인 또는 서명만 해도 효력이 생기도록 상법을 개정하였습니다.

정관변경의 경우 등기부등본에 등기해야 하는 사항이 포함되어 있으면 법원에 공증된 의사록을 첨부해야 하기 때문에 공증이 필요하지만 등기사항이 포함되어 있지 않으면 정관 말미에 법인명과 대표이사명을 기재한 후 법인도장을 날인하는 것만으로 효력이 발생할 수 있습니다.

상법 제292조 【정관의 효력발생】 정관은 공증인의 인증을 받음으로써 효력이 생긴다. 다만, 자본금 총액이 10억 원 미만인 회사를 제295조 제1항에 따라 발기설립(發起設立)하는 경우에는 제289조 제1항에 따라 각 발기인이 정관에 기명날인 또는 서명함으로써 효력이 생긴다.

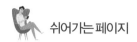

정관은 회사 기밀서류가 아니다

수도권 소재 법인을 방문했을 때 있었던 일입니다. 대표가 정관을 금고에서 꺼내오기에 "대표님, 정관을 금고에 보관하시네요!"라고 했더니 "회사 기밀서류를 금고에 보관하지 않으면 어디에 보관합니까?"라고 했습니다.

"대표님! 정관은 회사 기밀서류가 아닙니다. 임원의 임기가 만료되거나 목적사항을 추가해야 하는 경우 법무사에게 의뢰하는데 그때 정관 복사본을 제출합니다. 자금이 필요해서 금융기관에 대출을 신청하려면 제출서류에 정관 복사본이 포함됩니다. 또 세무사 사무실에서 결산을 마무리해야 한다며 정관 복사본을 요구하기도 합니다. 이처럼 정관은 수시로 외부로 내보내지는 서류로 회사의 기밀서류가 아닙니다"라고 설명한 뒤 "정관은 총무부서에서 보관해도 상관없으며, 심지어 잃어버

리더라도 다시 작성하면 되는 서류입니다. 앞으로는 정관을 금고에 보관하지 않아도 됩니다"라고 했더니 상담이 끝난 후 직원을 불러 총무부서에서 보관하라고 정관 원본을 내주었습니다.

정관은 회사의 기밀서류가 아닙니다. 정관을 외부에 많이 보이는 것이 좋은데, 그래야 정관과 관련한 새로운 정보를 얻을 수 있기 때문입니다.

다만, 임원의 급여, 퇴직금과 같이 회사 기밀사항은 절대로 정관에 직접 기재하지 말아야 한다는 점은 잊지 말아야겠습니다.

04. 아무도 알려주지 않는 정관변경의 11가지 원칙

대부분 법인이 회사설립 시에 표준정관을 사용하기 때문에 회사의 업무특성과 세법에 저촉되지 않도록 정관을 변경해야 한다는 말은 많이 들었으나 정작 왜 변경하는지, 어떻게 변경하는지, 변경하지 않으면 어떤 불이익이 있는지 설명해주는 사람이 없을 뿐만 아니라 관련 책자도 전혀 없는 실정입니다.

그래서 법인 대표 또는 실무담당자들이 궁금해하는 정관변경 항목과 그 이유를 실무 경험을 바탕으로 해서 '**정관변경의 11가지 원칙**'으로 정리하여 설명하겠습니다.

• 제1원칙 | 원칙에 충실하라

법인을 처음 설립할 때는 대부분 당시 법인의 상황만 고려하여 정관을 작성합니다. 물론, 정관을 상법에 충실히 따라서 작성해야 하는 것은 맞습니다. 그러나 현재 법인 상황만 고려하여 정관을 작성하면 자본금 증자, 이사의 인원 변경 등 법인의 상황이 바뀔 때마다 정관을 변경해야 하는 불편이 따를 수밖에 없습니다.

따라서 정관은 관련법을 충실히 반영하고 예외적인 경우에는 단서 조항을 넣어 법인의 환경이 바뀌더라도 정관을 변경하지 않도록 작성하는 것이 효율적입니다.

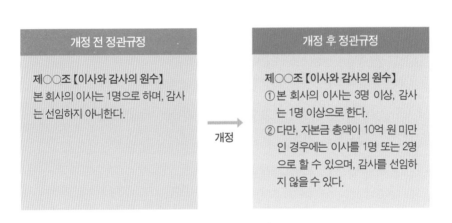

개정 전 정관규정

제○○조 【이사와 감사의 원수】
본 회사의 이사는 1명으로 하며, 감사는 선임하지 아니한다.

개정 →

개정 후 정관규정

제○○조 【이사와 감사의 원수】
① 본 회사의 이사는 3명 이상, 감사는 1명 이상으로 한다.
② 다만, 자본금 총액이 10억 원 미만인 경우에는 이사를 1명 또는 2명으로 할 수 있으며, 감사를 선임하지 않을 수 있다.

위의 법인의 경우 규정으로만 유추하면 자본금이 10억 원 미만인 회사로 이사가 1명이며, 감사가 없는 법인으로, 현재의 법인을 운영하는 데는 문제가 없어 보입니다. 그러나 이사를 1명 더 선임하는 경우 '본 회사의 이사는 2명으로 하며~'라고 정관을 개정해야 합니다. 감사를 선임하는 경우 역시 '감사는 1명으로 한다'라고 정관을 개정해야 합니다. 실무자로서는 이사, 감사를 선임할 때마다 정관을 개정해야 하는 불편이 따를 수밖에 없습니다.

그러나 개정 후 정관규정과 같이 우선 관련법의 원칙을 충실히 따르고(①항) 예외적인 경우(②항) 적용할 수 있도록 정관을 개정하면 이사, 감사 인원을 변경하거나 자본금 규모를 바꾼다 하더라도 정관을 개정할 필요가 없습니다.

• 제2원칙 | 불편한 사항은 변경하라

정관은 업무 특성에 따라 수시로 변경되어 삽입되는 경우도 있고 삭제되는 경우도 허다합니다. 새로운 규정이 삽입되는 경우와 삭제되는 경우에는 정관의 다른 조항들이 밀리거나 당겨지게 됩니다. 따라서 삽입하거나 삭제하는 규정만 검토하고 정관의 전체 내용을 꼼꼼히 검토하지 않으면 예상치 못한 문제가 발생할 수 있습니다.

개정 전 정관규정	개정 후 정관규정
제○○조【이사 및 감사의 선임】 이사와 감사는 제31조의 결의방법에 의하여 선임한다.	제○○조【이사 및 감사의 선임】 ①이사와 감사는 주주총회에서 선임한다. ②이사와 감사의 선임은 출석한 주주의 의결권의 과반수로 하되 발행주식 총수의 4분의 1 이상의 수로 하여야 한다.

개정

앞 법인의 경우 '~제31조의 결의방법에 의하여 선임한 다'라고 규정되어 있으나 제31조는 엉뚱하게도 '대표이사의 선임'에 관한 내용이었습니다. 결의방법은 제33조에 있었습니다. 중간에 정관을 개정하여 삽입했기 때문에 전체 조항이 밀린 결과입니다.

그러나 정관을 작성할 때 직접 관련 내용을 넣으면 조항이 밀리거나 당겨지더라도 문제가 생기지 않으며, 정관을 변경할 때마다 전체 내용을 검토하는 불편한 상황도 벌어지지 않습니다.

그렇다고 해서 이 내용만 개정하려고 주주총회를 할 필요는 없습니다. 표시해놓았다가 다른 내용으로 주주총회를 열거나 정관을 개정할 필요가 있을 때 같이 바꾸면 됩니다.

• 제3원칙 | 상위법으로 효력이 발생하는 경우 정관에 기재하지 마라

정관은 상법을 기초로 하여 작성된 서류입니다. 따라서 정관에 기재되어 있지 않더라도 상위법인 상법에 규정이 있으면 효력이 발생합니다. 대표적인 조항이 자기주식 취득 관련 내용입니다.

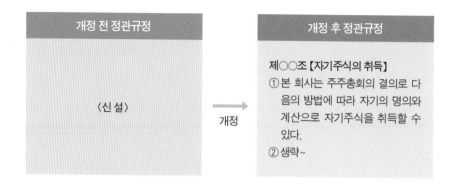

개정 전 정관규정	개정 후 정관규정
〈신설〉	제○○조【자기주식의 취득】 ① 본 회사는 주주총회의 결의로 다음의 방법에 따라 자기의 명의와 계산으로 자기주식을 취득할 수 있다. ② 생략~

2011년 상법이 개정되어 비상장법인도 자기주식 취득을 자유롭게 할 수 있도록 허용하였습니다. 그래서 많은 법인이 자기주식 취득 관련 내용을 정관에 삽입하고 있습니다. 그러나 이 내용은 정관에 관련 내용이 없어도 상위법(상법)의 절차를 준용하여 진행하면 바로 효력이 발생합니다. 따라서 정관에 일부러 내용을 삽입할 필요는 없습니다.

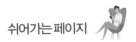
그러나 지금은 정관에 기재합니다

자기주식 관련 정관개정에 대한 웃지 못할 해프닝이 계약 법인에서 있었습니다. 계약 법인 대표가 전화를 걸어왔습니다. 다른 회사의 컨설팅 담당자가 왔다 갔는데 정관에 삽입되지 않은 내용이 있으니 정관을 개정해야 한다고 했답니다. 내용을 확인해보니 그 컨설팅 담당자가 이렇게 말했다고 합니다. "자기주식 취득 관련 내용은 정관에 규정이 있어야 실행할 수 있고 최근 가장 관심 있는 항목인데 이 항목이 빠진 것을 보면 일을 진행한 분이 전문가가 아닌 것 같습니다." 이 말을 전해 듣는 순간 아차 싶었습니다. 이런 식으로 오해하게 할 수도 있겠구나 하는 생각이 들었습니다.

그래서 지금은 정관에 자기주식 취득 관련 내용을 삽입시키고 있습니다. 관련법이 다시 개정되어 반드시 정관에 내용이 있어야 효력이 발

생하기 때문이 아니라 잘못 설명하는 빌미를 제공하지 않기 위해서입니다. 다시 강조하지만, 자기주식 관련 내용은 정관에 규정이 없어도 효력이 발생하므로 자기주식 취득 계획이 있는 법인은 정관변경을 하지 않고 실행만 하면 됩니다.

• 제4원칙 | 반드시 정관에 규정이 있어야 효력이 발생하는 항목은 변경하라

상법에는 정관에 관련 규정이 있는 경우에만 효력이 발생하는 사항이 적지 않습니다. 이와 관련된 규정은 반드시 정관을 변경하여 삽입시켜야 합니다. 대표적으로 중간배당, 현물배당, 이사의 회사에 대한 책임감면 규정 등이 있습니다.

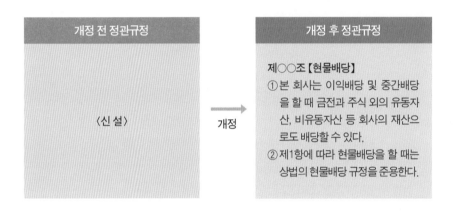

개정 전 정관규정	개정 후 정관규정
〈신 설〉 개정	제○○조【현물배당】 ① 본 회사는 이익배당 및 중간배당을 할 때 금전과 주식 외의 유동자산, 비유동자산 등 회사의 재산으로도 배당할 수 있다. ② 제1항에 따라 현물배당을 할 때는 상법의 현물배당 규정을 준용한다.

상법에 '~ 정관으로 ~ 할 수 있다'라고 되어 있으면 반드시 정관에 규정이 있어야 효력이 발생하는 항목입니다.

배당을 예로 들어 설명하겠습니다. 기존에 배당은 금전과 주식으로만 가능했지만 지금은 상법이 개정되어 현물로도 배당이 가능하게 되었습니다. 다만, 현물배당은 정관으로 정할 수 있다고 되어 있습니다. 금전(현금)과 주식배당을 제외한 모든 것이 현물배당이라고 이해하면 됩니다.

또한, 배당은 결산기가 1회인 법인의 경우 한 번 진행할

수 있습니다. 12월 결산법인인 경우 결산일 다음 날부터 3개
월 이내에 정기주주총회를 개최하여 결산승인보고 및 배당을
결의하고 배당금(정기배당)을 지급하도록 되어 있습니다. 그
러나 정관에 '중간배당' 규정이 있는 법인은 정기배당 이외에
회사가 일정한 날을 정하여 한 번 더 배당할 수 있습니다. 반
드시 중간배당 규정이 정관에 있어야 효력이 발생하는 것입
니다. 이때 정기배당은 주주총회 결의사항이고 중간배당은
이사회 결의사항이라는 것이 차이점입니다.

 관련 법령

상법 제462조 【이익의 배당】 ② 이익배당은 주주총회의 결의로
정한다.

상법 제462조의3 【중간배당】 ① 년 1회의 결산기를 정한 회사는
영업년도 중 1회에 한하여 이사회의 결의로 일정한 날을 정하여
그날의 주주에 대하여 이익을 배당할 수 있음을 정관으로 정할 수
있다.

상법 제462조의4 【현물배당】 ① 회사는 정관으로 금전 외의 재산
으로 배당을 할 수 있음을 정할 수 있다.

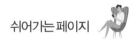

차등배당 정관규정으로
효력을 발생시킬 수 있을까?

우리나라 상법은 차등배당을 인정하지 않습니다. 주주평등의 원칙에 위배되기 때문입니다. 상위법에서 인정하지 않는 것을 자치규약인 정관에 규정한다고 해서 인정될 수 있을까 하는 의문이 드는데, 정관에 관련 규정을 삽입하는 것이 좋을 것 같습니다. 관련법에 없는 내용이기 때문에 회사 자치규약인 정관으로라도 정해야 한다고 생각하기 때문입니다. 법인현장에서 차등배당의 실행은 대법원 판례를 기준으로 삼아 관련 서류와 절차로 진행하는 것이 가장 안전할 수 있습니다.

• 제5원칙 | 회사의 기밀내용을 정관에 직접 기재하는 것은 절대금물!

이 항목은 가장 오해가 많은 부분입니다. 상법에도 이사의 보수는 정관으로 금액을 정하도록 하였고, 법인세법에서도 정관에 기재되는 경우에 한하여 손금산입할 수 있도록 되어 있기 때문에 자세한 설명을 듣기 전에는 이해하지 못할 수도 있습니다. 또한 정관 뒷면에 첨부서류로 되어 있는 경우 역시 마찬가지입니다. 첨부서류는 원본과 항시 붙어 다녀야 하기 때문입니다.

개정 전 정관규정	개정 후 정관규정
제○○조【임원의 보수와 퇴직금】 임원의 보수 또는 퇴직한 임원의 퇴직금은 다음과 같다. ① 임원의 보수 　대표이사 : 연봉 10억 원 　사내이사 : 연봉 7억 원 　상근이사 : 연봉 5억 원 ② 임원의 퇴직금 　임원의 퇴직금은 근무 1년에 대하여 퇴직일 기준 3년 총지급액의 연평균환산액에 대하여 30%를 지급한다. ③ 이하 생략~	제○○조【임원의 보수, 퇴직금, 퇴직위로금, 유족장해보상금】 ① 임원의 보수는 주주총회의 결의를 거친 임원 보수 지급규정에 의한다. ② 임원의 퇴직금은 주주총회의 결의를 거친 임원퇴직금 지급규정에 의한다. ③ 임원의 퇴직위로금은 주주총회의 결의를 거친 임원퇴직위로금 지급규정에 의한다. ④ 임원의 유족장해보상금은 주주총회의 결의를 거친 임원 유족장해보상금 지급규정에 의한다.

개정

쉬어가는 페이지에서 정관은 회사의 기밀서류가 아니며 외부로 수시로 내보내는 서류라고 설명했습니다. 그러나 그 회사 임원의 보수, 퇴직금 등은 회사의 기밀사항입니다. 상장법인의 경우 등기된 임원은 연봉이 5억 원 이상인 경우 공개해야 하는 의무가 있습니다. 그래서 상장법인 중에는 등기되지 않은 임원이 많은데 외부에 공개하지 않겠다는 뜻이 담겨 있습니다. 임원의 보수, 퇴직금 등은 회사의 기밀사항이기 때문입니다.

위의 사례와 같이 임원의 보수, 퇴직금 등 회사의 기밀사항을 정관에 직접 기재하는 것은 "우리 회사는 회사 기밀사항을 외부로 수시로 내보내도 상관없습니다"라고 말하는 것과 같습니다. 오른쪽의 개정 후 규정을 보면 아무리 눈을 씻고 봐도 기밀사항을 찾을 수 없습니다.

그렇다면 임원의 보수, 상여금, 퇴직금은 정관에 기재되는 경우 손금산입할 수 있다는 것은 무슨 뜻일까요? 이는 법인세법을 정확히 이해하지 못하고 컨설팅하기 때문에 나온 말입니다.

상법에는 이사의 보수가 정관에 정해져 있지 않으면 주주총회에서 결의하라고 되어 있으며, 법인세법에는 임원의 퇴직금은 정관에서 위임한 퇴직금 지급규정이 있으면 해당 규정에 의한 금액을 손금산입하도록 명시되어 있습니다.

그 절차는 이렇습니다. 정관에는 임원의 보수, 퇴직금 등을 주주총회에서 결의한다고 위임해놓고 주주총회에서 임원의 보수, 퇴직금 등을 결의하면 됩니다. 그리고 주주총회에서 결의된 임원의 보수, 퇴직금 등 기밀내용은 금고에 보관하여 외부에 유출되지 않게 해야 합니다.

 관련 법령

상법 제388조 【이사의 보수】 이사의 보수는 정관에 그 액을 정하지 아니한 때에는 주주총회의 결의로 이를 정한다.

법인세법 시행령 제44조 【퇴직급여의 손금불산입】 ④ 법인이 임원에게 지급한 퇴직급여 중 다음 각 호의 어느 하나에 해당하는 금액을 초과하는 금액은 손금에 산입하지 아니한다.

1. 정관에 퇴직급여(퇴직위로금 등을 포함한다)로 지급할 금액이 정하여진 경우에는 정관에 정하여진 금액
2. 제1호 외의 경우에는 그 임원이 퇴직하는 날부터 소급하여 1년 동안 해당 임원에게 지급한 총급여액의 10분의 1에 상당하는 금액에 근속연수를 곱한 금액
3. 정관에서 위임된 퇴직급여지급규정이 따로 있는 경우에는 해당 규정에 의한 금액에 의한다.

"당신이 책임질 거야?"

임원 급여, 상여금, 퇴직금 관련 내용을 정관에 직접 기재하는 것은 절대 금물이라는 내용을 블로그에 올린 후 많은 법인컨설팅 담당자 및 관련자분들의 항의 전화를 받았습니다. 상법과 법인세법에서는 임원 관련 보수를 인정받으려면 정관에 그 내용이 있어야 하기 때문에 지금까지 열심히 그렇게 설명하고 영업했는데 반대로 정관에 기재하지 말라고 하면 "당신이 책임질 거야?"라면서 앞에 있으면 멱살이라도 잡을 분위기였습니다. 그러나 앞에서 설명한 대로 기밀사항이기 때문에 정관에 직접 기재하는 것이 아니라 주주총회 또는 이사회에 위임하여 작성한다고 자세히 설명한 후에야 이해하겠다는 듯 그들 목소리가 차분해지더군요.

현재 법인현장에서 정관에 임원 관련 규정을 직접 기재하는 컨설팅 담당자나 관련자분들을 거의 찾아볼 수 없습니다. 처음에는 흥분했지만 그 내용을 이해한 후에는 그대로 실행하고 있다는 반증입니다.

• 제6원칙 | 상법이 개정된 규정은 정관도 개정하라

2009년과 2011년 상법의 많은 내용이 개정되었는데도 법인현장을 다녀보면 정관을 오랜 기간 방치해 과거 법령이 그대로 기재된 경우가 많습니다.

개정 전 정관규정	개정 후 정관규정
제○○조 【신주인수권】 ① 주주는 그가 소유한 주식의 수에 비례하여 신주의 배정을 받을 권리를 갖는다. ② 회사는 제1항의 규정에 불구하고 다음 각 호의 경우에는 주주 외의 자에게 신주를 배정할 수 있다. 1. 증권거래법 제189조의3의 규정에 의하여 이사회의 결의로 일반공모증자방식으로 신주를 발행하는 경우 2. 이하 생략	제○○조 【신주인수권】 ① 주주는 그가 소유한 주식의 수에 비례하여 신주의 배정을 받을 권리를 가진다. ② 회사는 제1항 규정에 불구하고 다음 각 호의 경우에는 주주 외의 자에게 신주를 배정할 수 있다. 1. 자본시장과 금융투자업에 관한 법률 규정에 따라 일반공모증자 방식으로 신주를 발행하는 경우 2. 이하 생략

증권거래법은 2009년 자본시장과 금융투자업에 관한 법률로 개정되어 지금은 존재하지 않습니다. 그럼에도 많은 법인의 정관에는 아직도 증권거래법이 명시되어 있습니다. 앞에서 정관을 외부로 수시로 내보내라고 말씀드린 이유가 이런 것입니다. 법무사, 법인컨설팅 담당자가 정관을 자주 살펴봐야 잘못된 부분을 조언해줄 수 있기 때문입니다.

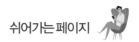

"정관은 절대로 줄 수 없다"

어느 날 한 지점장이 "이사님! 저와 동행 한번 해주세요!"라고 도움을 요청했습니다. 내용인즉 법인 대표와 상담이 끝난 뒤 대표가 여직원에게 가서 정관을 받아가라고 하기에 정관을 요청했더니 그 여직원이 "절대로 정관은 외부로 유출할 수 없다"라고 완강히 거부하더랍니다. 대표에게 전화를 걸어 확인을 해줬는데 이번에는 컴퓨터 화면에 띄울 테니 직접 보고 가라고 하더랍니다. 지점장은 겨우 휴대전화로 화면을 사진 찍어서 정관을 가져오기는 했는데 '그 직원이 정관에 대해 잘못 알고 있다는 사실을 속 시원히 한 방 먹였으면 좋겠다'는 생각에 동행을 요청했다고 했습니다.

그래서 정관을 검토한 뒤 지점장과 함께 그 법인을 찾아갔습니다. 대표, 총무이사, 여직원이 나왔는데 한눈에 그 여직원이 당사자인지 알겠더군요. 면접을 보는 것도 아닌데 볼펜을 들고 공책을 편 뒤 '한번 떠

들어봐라!'는 식으로 못마땅한 듯 쳐다보았습니다. 그 회사 정관에 위에서 설명한 제6원칙의 내용이 그대로 있었습니다. 여직원은 무시하고 대표에게 바로 질문했습니다.

"대표님, 정관은 수시로 외부로 내보내야 관련 정보를 많이 얻을 수 있는데 대표님 회사는 정관을 회사에 꼭꼭 숨겨놓으신 것 같습니다."

그러자 대표가 눈을 동그랗게 뜨고 "그게 무슨 말이냐?"라고 묻기에 천천히 설명했습니다. 여직원이 잘 알아듣도록 "대표님! 상법이 개정된 지 9년이 지났는데 대표님 회사 정관은 수정 한 번 없이 이미 사라져버린 9년 전 상법 내용을 담고 있습니다"라고 관련 규정을 설명하면서 곁눈으로 여직원을 보았습니다. 여직원이 조용히 볼펜을 내려놓더군요. 상담이 끝나고 인사를 마친 후 밖으로 나오자마자 지점장이 "어휴! 시원하다!"라고 했습니다.

• 제7원칙 | 상위법을 잘못 적용한 규정은 개정하라

서로 충돌하는 경우 상위법 원칙, 특별법 원칙, 강제규정 원칙 등 우선 적용하는 원칙들이 있습니다. 정관도 예외일 수 없습니다. 회사에 유리하도록 아무리 정관을 개정해도 상위법에 우선할 수는 없습니다.

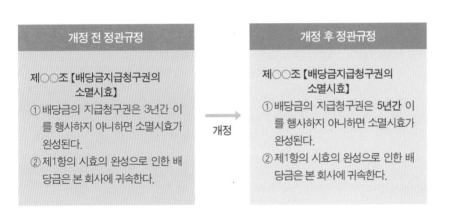

개정 전 정관규정	개정 후 정관규정
제○○조【배당금지급청구권의 소멸시효】 ① 배당금의 지급청구권은 3년간 이를 행사하지 아니하면 소멸시효가 완성된다. ② 제1항의 시효의 완성으로 인한 배당금은 본 회사에 귀속한다.	제○○조【배당금지급청구권의 소멸시효】 ① 배당금의 지급청구권은 5년간 이를 행사하지 아니하면 소멸시효가 완성된다. ② 제1항의 시효의 완성으로 인한 배당금은 본 회사에 귀속한다.

법인이 배당을 결의했는데 주주 중 1명이 개인 사정으로 배당금을 3년이 지나도록 수령하지 않아 정관규정에 따라 법인에 귀속시키고, 귀속된 배당금에 대한 법인세도 납부했다고 가정해보겠습니다. 3년이 지난 후 해당 주주가 배당금 지급을 요구하면 담당자는 배당금은 3년이 지나 법인에 귀속되었고, 관련 법인세법에 따라 세금도 납부했기에 지급을 거부할 것입니다. 회사 정관규정과 절차를 충실히 따른 행동입니다.

하지만 이 경우 안타깝게도 배당금을 지급해야 합니다. 이유는 간단합니다. 상위법인 상법에 5년간 행사하지 않았을 경우 소멸시효가 완성된다고 명시되어 있기 때문입니다. 물론, 5년이 지났다면 법인에 귀속시키고 지급할 의무도 없습니다.

이와 같은 조항은 상위법을 그대로 따르도록 정관을 변경해야 합니다. 정관은 회사의 자치규약이기 때문에 상위법에 우선할 수 없습니다.

• 제8원칙 | 양면성이 있는 규정은 법인이 선택하도록 하라

정관규정에 삽입된 내용이라고 해서 무조건 유리한 것은 아닙니다. 법인 상황에 따라 어떤 경우에는 정관에 규정이 있어야 운영하는 데 유리할 수 있고, 또 어떤 경우에는 정관에 규정이 없어야 할 때도 있습니다. 대표적인 항목이 주식양도제한 규정입니다.

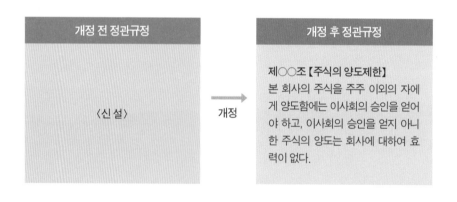

개정 전 정관규정	개정 후 정관규정
〈신설〉	제○○조【주식의 양도제한】 본 회사의 주식을 주주 이외의 자에게 양도함에는 이사회의 승인을 얻어야 하고, 이사회의 승인을 얻지 아니한 주식의 양도는 회사에 대하여 효력이 없다.

개정

주식의 양도제한규정은 어쩔 수 없는 상황으로 회사에 차명주식이 있어 그 차명주식을 제3자에게 양도하는 것을 제한하거나 특정주주가 본인의 주식을 경쟁업체 또는 적대적인 제3자에게 양도하는 경우 회사 운영에 심각한 타격을 입을 수 있기 때문에 이에 대한 장치를 마련하려는 목적이 강하다고 할 수 있습니다.

그렇다고 해서 주식양도 자체를 금지할 수는 없습니다. 주식은 개인재산이며 주주 개인이 임의로 처분할 수 있기 때문입니다. 다만, 주식양도를 희망하는 경우 이사회에 보고하고 승인절차를 거치라는 것입니다. 이사회에서는 주식양도에 대한 내용을 의결하여, 승인하면 회사에 심각한 타격으로 돌아올 것이 염려되는 경우 부결시키면 됩니다. 주식양도제한이 정관에 명시되어 있는 경우 회사 경영에 대하여 방어할 수 있는 장점이 분명 있습니다.

반면, 이처럼 강제할 경우 당사자는 법원 소송 등을 통하여 자신의 권리를 찾으려고 하면 패소할 수도 있고, 갈등이 더욱 심화될 수도 있습니다.

이처럼 양면성이 있는 규정은 장단점을 설명하고 법인이 법인 상황에 유리한 쪽으로 선택하도록 하는 것이 좋습니다. 그리고 어느 쪽으로 결정되든 그에 맞게 정관을 변경하면 됩니다.

또 한 가지, 주식양도제한 규정은 강제규정은 아니지만

정관에 명시되어 있는 것만으로는 효력이 발생하지 않으며 반드시 등기부등본에 등재되어야 효력이 발생합니다.

 관련 법령

상법 제335조【주식의 양도성】① 주식은 타인에게 양도할 수 있다. 다만, 회사는 정관으로 정하는 바에 따라 그 발행하는 주식의 양도에 관하여 이사회의 승인을 받도록 할 수 있다.
② 제1항 단서의 규정에 위반하여 이사회의 승인을 얻지 아니한 주식의 양도는 회사에 대하여 효력이 없다.

상법 제317조【설립의 등기】② 제1항의 설립등기에 있어서는 다음의 사항을 등기하여야 한다.

3의2. 주식의 양도에 관하여 이사회의 승인을 얻도록 정한 때에는 그 규정

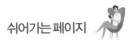
주식양도제한 규정을
등기하지 않으면 과태료를 부과한다?

지방에 소재한 중소기업 규모의 법인을 방문했더니 대표가 "우리 회사 정관에 주식양도제한 규정이 있는데 등기하지 않아 과태료가 부과될 수 있으니 이것 먼저 빨리 처리해주시오!"라고 했습니다. 누가 그러더냐고 물었더니 컨설팅하러 온 사람이 얘기해줘서 알았다고 했습니다. 하지만 이는 잘못된 정보입니다. 목적 추가, 임원 임기만료 등 등기의무사항인 경우 주주총회 결의 후 14일 이내에 등기하지 않으면 과태료가 부과되는 것은 맞습니다. 하지만 주식양도제한은 등기의무사항이 아니기 때문에 14일 이내에 등기하지 않았더라도 과태료 부과대상이 아닙니다. 다만, 등기하지 않으면 효력이 발생하지 않을 뿐입니다.

• 제9원칙 | 주주총회와 이사회 결의가 겹치는 경우 회사에 유리하게

법인의 최고의결기관은 주주총회와 이사회라고 할 수 있기 때문에 상법의 많은 규정이 주주총회나 이사회에서 결의하도록 하였습니다. 그러나 정관으로 주주총회를 이사회에서, 이사회를 주주총회에서 결의하도록 정하는 경우에는 동일한 효력이 발생합니다.

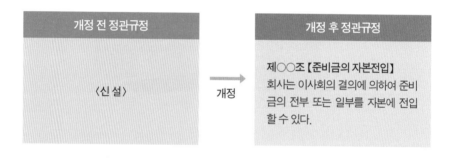

개정 전 정관규정		개정 후 정관규정
〈신설〉	개정 →	제○○조【준비금의 자본전입】 회사는 이사회의 결의에 의하여 준비금의 전부 또는 일부를 자본에 전입할 수 있다.

주식회사의 경우 이사회 구성원이 3명인 경우가 많습니다. 반면, 주주는 수십 명, 수백 명인 회사도 많습니다. 이런 경우 아무래도 주주총회를 소집하여 결의하는 것보다 이사회를 소집하여 결의하는 것이 훨씬 용이합니다.

반대로 주주는 2명인데 이사회 구성원이 수십 명이거나 적대적인 이사들이 존재하는 법인의 경우에는 주주총회 결의를 선호할 수밖에 없습니다.

위의 준비금의 자본전입 규정의 경우, 상법에서의 원칙은 이사회 결의에 따르도록 되어 있으나, 단서 조항에 정관으로 주주총회에서 결정하도록 할 수 있다고 되어 있습니다.

 관련 법령

상법 제461조 【준비금의 자본금 전입】 ① 회사는 이사회의 결의에 의하여 준비금의 전부 또는 일부를 자본금에 전입할 수 있다. 그러나 정관으로 주주총회에서 결정하기로 정한 경우에는 그러하지 아니하다.

주주가 500명!

　대전 소재 소비자생활협동조합을 컨설팅한 적이 있는데, 이사가 7명이고 주주가 500명이었습니다. 주주총회를 한번 개최하면 논에서 일하다 온 분, 밭에 나가는 차림 그대로 온 분 등이 모두 출자자(주주)라고 했습니다. 주주총회를 하려면 강당을 빌려야 하고, 설명해도 잘 이해하지 못한 채 여기저기서 자기들 이야기만 해서 시끌벅적 정신이 하나도 없다고 했습니다. 그래서 주주의 이익을 해치지 않는 안건이나 정관으로 정할 수 있는 규정의 경우 이사회에서 결의하도록 정관을 개정했습니다. 그래야 회의 시간도 단축되고 의견도 빨리 모을 수 있습니다.

• 제10원칙 | 세무적으로 심각한 문제가 있는 규정은 반드시 개정하라

대부분 정관내용은 민사와 관련된 사항으로 이해하면 됩니다. 주주 구성원이 가족 또는 친인척이거나 외부 주주가 없는 법인의 경우(이른바 '개인 같은 법인')에는 법인설립 이후 정관을 한 번도 개정하지 않아도 법인을 운영하는 데는 큰 문제가 없습니다.

그러나 정관규정을 잘못 작성하면 세무적으로 심각한 문제가 생겼을 때 법인세를 과도하게 추징당하는 규정이 있습니다.

개정 전 정관규정	개정 후 정관규정
제○○조【이익금의 처분】 매기 총수익금에서 총지출금을 공제한 잔액을 이익금으로 하여 이를 다음과 같이 처분한다. 1. 이익준비금 금전에 의한 이익배당 금액의 10분의 1 이상 2. 별도적립금 약간 3. 주주배당금 약간 4. 임원상여금 약간 5. 임원퇴직위로금 약간 6. 후기이월금 약간	제○○조【이익금의 처분】 매기 총수익금에서 총지출금을 공제한 잔액을 이익금으로 하여 이를 다음과 같이 처분한다. 1. 이익준비금 금전에 의한 이익배당 금액의 10분의 1 이상 2. 별도적립금 약간 3. 주주배당금 약간 4. 〈삭제. ○○○○년 ○○월 ○○일〉 5. 〈삭제. ○○○○년 ○○월 ○○일〉 6. 후기이월금 약간

개정

대다수 법인은 임원에게 상여금을 지급합니다. 설, 추석, 여름휴가, 연말 또는 3월, 6월, 9월, 12월 아니면 근로자와 동일하게 상여금을 지급합니다. 임원에게 상여금을 지급하는 것은 문제가 되지 않습니다. 문제는 임원에게 지급한 상여금의 회계처리를 어떻게 했느냐에 있습니다.

임원에게 지급하는 상여금은 인건비 성격이기 때문에 당연히 법인의 손금으로 산입시켜 처리합니다. 법인의 손금으로 산입했기 때문에 그만큼 법인세를 납부하지 않았을 것입니다.

바로 이 부분이 법인세를 탈루한 것으로 해석됩니다. 너무 황당하고 의아할 테지만 임원에게 지급한 상여금은 손금산입하면 안 된다고 회사 정관에 분명히 명시되어 있습니다.

위의 개정 전 정관규정 내용을 보면 제목이 이익금의 처분입니다. 즉, 이익금의 처분은 배당에 해당합니다. 배당은 대표적인 손금불산입 계정입니다. 관련법인 법인세법 시행령에는 "법인이 그 임원 또는 직원에게 이익처분에 의하여 지급하는 상여금은 이를 손금에 산입하지 아니한다"라고 명시되어 있습니다.

특히 개인 같은 법인은 주주이면서 동시에 이사인 경우가 대부분입니다. 이런 경우 주주에게 이익처분(배당)으로 지급했다고 해석하는 것입니다.

따라서 개정 후 정관규정과 같이 개정하여 임원의 상여금 및 임원퇴직위로금 항목은 이익금 처분항목에서 삭제해야 합니다. '우리 회사는 이익금의 처분에 의해 임원에게 상여금을 지급하지 않고 임원상여금지급규정에 의하여 지급하며, 지급한 상여금은 임원 인건비로 계상하여 법인의 손금에 산입하겠다' 는 의미입니다.

참고로, 상여금과 달리 임원에게 지급하는 성과급은 이익처분으로 보지 않았습니다. 그런데 많은 법인이 이 조항을 활용하여 임원인 주주에게 상여금 대신 성과급을 지급하는 편법을 사용하다 보니 과세관청에서도 관련법을 2018년 2월 13일 개정하여 임원에게 지급하는 성과급도 이익처분으로 손금불산입 처리하도록 하였습니다.

• 제11원칙 | 해석상 오해의 소지가 있는 규정은 개정하라

정관규정 중에는 본래 취지와 상관없이 해석하기에 따라 다른 결과가 나올 수 있는 규정이 존재합니다. 이런 규정이 발견되면 과감히 정관을 개정하는 것이 좋은데, 괜히 오해할 빌미를 주지 않기 위해서입니다.

개정 전 정관규정	개정 후 정관규정
제○○조【이익금의 처분】 매기 총수익금에서 총지출금을 공제한 잔액을 이익금으로 하여 이를 다음과 같이 처분한다. 1. 이익준비금 금전에 의한 이익배당 금액의 10분의 1 이상 2. 별도적립금 약간 3. 주주배당금 약간 4. 후기이월금 약간	**제○○조【이익금의 처분】** 본 회사는 미처분이익금을 다음과 같이 처분한다. 1. 이익준비금 금전에 의한 이익배당 금액의 10분의 1 이상 2. 별도적립금 약간 3. 주주배당금 약간 4. 후기이월금 약간

개정 →

오해할 수 있는 해석을 예로 들어 보겠습니다. A법인의 2018년 제15기 당기순이익이 1억 원이고 미처분이익잉여금이 10억 원이라고 가정해보겠습니다. 그동안 배당을 한 번도 진행하지 않았기 때문에 2019년 3월 정기주주총회에서 3억 원을 배당하기로 결의했을 경우, 개정 전 정관규정에서는 최대 배당가능금액이 1억 원입니다. 매기 이익금, 즉 제15기 이익금은 1억 원이기 때문에 1억 원 범위 내에서만 배당하는 것이 맞습니다.

물론, 15기 이익금+14기 이익금+13기 이익금+…와 같이 매기 이익금을 합산한다고 해석하여 10억 원이 배당가능금액이라고 해석하는 사람도 있을 것입니다.

이렇듯 해석하기에 따라 오해할 소지가 있다면 개정 후 정관규정과 같이 깔끔하게 개정하면 됩니다. 해석상 문제로 빌미를 제공할 필요가 없기 때문입니다.

맺으면서

이상과 같이 법인을 상담하면서 실무에 적용한 내용을 11가지로 정리하였습니다. 물론, 정관개정 내용이 11가지가 전부는 아닙니다. 법인 상황에 맞게 많은 부분을 변경하여 사용해야 합니다. 다만, 11가지로 정리한 이유는 앞에서 잠깐 설명했지만, 정관이 중요하니 정관을 변경해야 한다고는 말들을 많이 하는데 정작 어떤 조항을 변경하고, 왜 변경해야 하는지, 변경하지 않으면 어떤 문제가 생기는지 설명하는 사람이나 책이 없다 보니 법인 대표나 실무자들이 답답해하는 경우를 많이 보았습니다. 그래서 현장상담 경험에서 취득한 실무내용을 11가지로 정리한 것입니다.

또한, 회사정관은 법무사가 관련법을 충실히 반영하여 작성했기 때문에 관련법을 지키지 않은 항목은 없습니다. 다만,

세법과 현실을 접목하지 못하다 보니 뜻하지 않은 문제에 빠지게 되고, 심지어 세금까지 추징당하는 사례가 생기는 것입니다.

정관에 대해 이 정도만 알고 있어도 정관과 관련해서는 상당한 실력자로 인정받을 수 있습니다.

다음 장에서는 정관 샘플을 보면서 항목마다 어떻게 개정하는지 설명하겠습니다.

05. 정관개정 해설

정관개정 해설은 전국적으로 4,000여 곳의 법인컨설팅을 진행하면서 실무적으로 정관을 어떻게 개정하고, 어떻게 활용하는지에 대한 내용을 해설을 첨부하여 상세히 정리했습니다.

무심코 넘어가기 쉬운 조항부터 대부분 법인이 공통적으로 사용하는 조항까지 내용을 종합하여 정관표지부터 상세히 설명하였습니다. 정관개정 해설에 대한 내용만 숙지하면 정관을 개정하고 작성하는 업무를 담당하는 실무자들은 큰 어려움 없이 일을 처리할 수 있을 것입니다.

다음 설명을 참고하기 바랍니다.

① 개정할 필요가 없는 조항은 밑에 실무적으로 알고 있어야 하는 내용과 틀리기 쉬운 내용에 대한 설명을 첨

부하였습니다.

② 개정할 사항이 있는 조항은 해설에 개정한 내용을 첨부하였으며 제목 옆에 '**개정**＊'이라고 명시하였습니다.

③ 정관에 없는 내용을 추가한 경우에는 먼저 설명한 다음 그 해설 밑에 추가 내용을 첨부하였으며, 제목 옆에 '**신설**＊'이라고 명시하였습니다.

④ 기존 정관의 내용을 삭제한 경우 〈삭제. ○○○○년 ○○월 ○○일(주주총회 개최일)〉 형식으로 기재하였습니다.

⑤ 조항 중 일부가 개정된 경우 개정된 내용을 알아보기 쉽게 굵은 글씨와 밑줄로 표시하였습니다.

⑥ 정관에 없는 내용을 추가한 경우 전체가 변경된 사항이므로 별도의 굵은 글씨와 밑줄은 생략하였습니다.

⑦ 특정 조에 대해 법인에 따라 여러 형태로 사용하는 경우 두 가지를 모두 개정 또는 추가하여 첨부하였습니다.

정 관

제정 : 2005년 01월 12일

개정 : 2011년 12월 01일

개정 : 2015년 12월 01일

개정 : 2017년 03월 30일

개정 : 0000년 00월 00일

《해설》

① 제정이란 최초의 회사설립일을 말하며, 법인등기부등본 마지막 장에 회사설립년
월일로 표시되어 있습니다. 개정이란 주주총회 결의로 정관을 변경한 날짜를 말
하며, 등기사항인 경우 법인등기부등본으로 확인이 가능하지만 등기사항이 아닌
경우는 주주총회 의사록을 확인하여야 알 수 있습니다.

② 날짜는 주주총회 결의 날짜가 원칙이며, 등기사항인 경우 등기부등본에는 주주
총회 결의일('추가' 또는 '변경', '삭제'로 표시)과 등기일('등기'로 표시) 두 가지
가 표시되어 있습니다.

에덴동산 주식회사

제1장 총칙

제1조 【상호】

본 회사는 "에덴동산 주식회사"라 한다. 영문으로는 "The Garden of Eden Inc"라 표시한다.

제2조【목적】

본 회사는 다음 사업을 경영함을 목적으로 한다.

1. 페인트, 잉크, 접착제 제조 및 판매업
1. 도매업
1. 무역업
1. 부동산 임대업
1. 각 항에 부대되는 사업일체

《해설》

① 법인의 목적사업은 등기사항으로 추가 또는 변경하는 경우 반드시 등기를 하여야 합니다.

② 등기부등본: 현재 하고 있는 종목과 미래에 하고 싶어 하는 종목을 모두 기재
   사업자등록증: 현재 하고 있는 종목을 기재

③ 만약, 사업을 추가하고 싶은 경우 등기부등본에 기재되어 있는 사업은 사업자등록증만 변경신청하면 되지만, 등기부등본에 기재되어 있지 않은 사업의 경우 먼저 등기부등본을 변경신청한 후 사업자등록증에 추가하여야 합니다.

④ 부동산 임대업의 경우 현재 사업 유무와 관계없이 약방의 감초와 같이 목적사업에 기재하는 것을 권유합니다. 법인 소유의 부동산을 취득하게 되어 일부 임대한다는 생각을 하면 됩니다.

⑤ 법인등기부등본의 사업내용과 회사에 보관되어 있는 정관의 사업내용이 다른 경우 등기부등본이 우선되니 정관을 수정하기 바랍니다.

⑥ 과거 목적사항의 순번은 1, 2, 3, 4로 기재하였으나 지금은 1, 1, 1, 1로 변경되었습니다.

제3조【본점 및 지점의 소재지】

본 회사의 본점은 서울특별시내에 둔다. 본 회사는 필요에 따라 이사의 결정에 의하여 국내외에 지점, 출장소를 둘 수 있다.

제3조【본점 및 지점의 소재지】- 개정＊

본 회사의 본점은 서울특별시내에 둔다. 본 회사는 필요에 따라 <u>이사회의</u> 결의에 의하여 국내외에 지점, 출장소를 둘 수 있다.

《해설》

① 같은 광역시로 본점을 이전하는 경우에는 정관을 개정할 필요가 없으나 다른 광역시로 본점을 이전하는 경우 정관을 개정해야 합니다.

예) 서울 역삼동 → 서울 종로구(×), 서울 역삼동 → 경기도 안산시(○)

② 위 조항만으로 유추하면 1인 이사로 구성된 법인일 것이므로 이사가 결정하도록 규정되어 있습니다. 이런 경우 이사가 변경될 때마다 정관을 변경해야 하는 불편한 사항이 따르게 됩니다. '이사회의 결의'로 정관을 개정하면 이사회가 구성된 경우에는 이사회에서, 이사회가 구성되지 않은 경우에는 자동적으로 주주총회 결의로 넘어가게 되어 이사 수에 따라 변경할 필요가 없습니다.

제4조【공고방법】

본 회사의 공고는 서울특별시에서 발간하는 일간 한국경제일보에 게재한다.

《해설》

서울특별시에 주사무소가 있는 경우에는 서울시에서 발간하는 일간지에 공고를 게재하면 됩니다. 그러나 지방에 주사무소가 있는 법인의 경우 지방에서 발간하는 일간지에 공고를 게재하여도 무방합니다. 다만, 일간지가 아닌 주간지나 월간지에는 공고할 수 없습니다.

제2장 주식과 주권

제5조【회사가 발행할 주식의 총수】

본 회사가 발행할 주식의 총수는 60,000주로 한다.

《해설》

법인이 발행할 주식의 한도라고 이해하면 되며, 만약 변경하는 경우 등기사항이므로 법인등기부등본도 변경해야 합니다.

제6조【1주의 금액】

본 회사가 발행하는 주식 1주의 금액은 5,000원으로 한다.

《해설》

법인등기부등본에 기재되어 있는 사항이며, 만약 변경하는 경우 등기사항이므로 법인등기부등본도 변경해야 합니다.

제7조【회사 설립 시 발행하는 주식의 총수】

본 회사가 회사설립 시 발행하는 주식의 총수는 40,000주로 하고 보통주식으로 한다.

제8조【주식 및 주권의 종류】

본 회사의 주식은 보통주식으로서 전부 기명주식으로 하고 주권은 일백주권, 오백주권, 일천주권, 오천주권, 일만주권의 5종으로 한다.

제9조【주금납입의 지체】

주금납입을 지체한 주주는 납입기일 다음 날부터 납입이 끝날 때까지 지체 주금 100원에 대하여 일변 10전의 비율로서 과태금을 회사에 지급하고 또 이로 인하여 손해가 생겼을 때는 그 손해를 배상하여야 한다.

제10조【신주인수권】

① 주주는 그가 소유한 주식의 수에 비례하여 신주의 배정을 받을 권리를 갖는다.

② 회사는 제1항 규정에 불구하고 다음 각 호의 경우에는 주주 외의 자에게 신주를 배정할 수 있다.

1. 증권거래법 제189조의3의 규정에 의하여 이사회의 결의로 일반공모증자 방식으로 신주를 발행하는 경우
2. 증권거래법 제189조의4의 규정에 의하여 주식매수선택권의 행사로 인하여 신주를 발행하는 경우
3. 증권거래법 제191조의7의 규정에 의하여 우리사주조합원에게 신주를 우선배정하는 경우
4. 상법 제418조 제2항의 규정에 따라 신기술의 도입, 재무구조개선 등 회사의 경영상 목적을 달성하기 위하여 필요한 경우
5. 증권거래법 제192조의 규정에 의하여 주식예탁증서(DR) 발행에 따라 신주를 발행하는 경우
6. 외국인 투자촉진법에 의한 외국인 투자를 위하여 신주를 발행하는 경우
7. 중소기업창업지원법에 의한 중소기업창업투자회사에게 신주를 발행하는 경우
8. 회사가 긴급한 자금조달 등 경영상 필요로 국내외 금융기관 또는 법인에게 신주를 발행하는 경우

③ 주주가 신주인수권을 포기 또는 상실하거나 신주배정에서 단주가 발생하는 경우에 그 처리 방법은 이사가 정한다.

제10조【신주인수권】- 개정*

① 주주는 그가 소유한 주식의 수에 비례하여 신주의 배정을 받을 권리를 갖는다.

② 회사는 제1항 규정에 불구하고 다음 각 호의 경우에는 주주 외의 자에게 신주를 배정할 수 있다.

1. 자본시장과 금융투자업에 관한 법률 규정에 따라 일반공모증자 방식으로 신주를 발행하는 경우
2. 상법 규정에 따라 주식매수선택권의 행사로 인하여 신주를 발행하는 경우
3. 자본시장과 금융투자업에 관한 법률 규정에 따라 우리사주조합원에게 신주를 우선배정하는 경우
4. 신기술의 도입, 재무구조개선 등 회사의 경영상 목적을 달성하기 위하여 필요한 경우
5. 주식예탁증서(DR) 발행에 따라 신주를 발행하는 경우
6. 외국인 투자촉진법에 의한 외국인 투자를 위하여 신주를 발행하는 경우
7. 중소기업창업지원법에 의한 중소기업창업투자회사에게 신주를

발행하는 경우

8. 회사가 긴급한 자금조달 등 경영상 필요로 국내외 금융기관 또는
   법인에게 신주를 발행하는 경우

③ 주주가 신주인수권을 포기 또는 상실하거나 신주배정에서 단주
   가 발생하는 경우에 그 처리 방법은 <u>이사회의 결의</u>로 정한다.

《해설》

상법이 개정되었음에도 여전히 과거 법률이 기재되어 있습니다. 변경된 법률로 정
관개정이 필요한 조항입니다. 또한 ③항 이사가 정한다는 내용을 이사회가 정한다
로 개정해야 합니다. 정관개정의 제1원칙 불편한 사항이기 때문입니다.

제11조【신주의 배당기산일】

본 회사는 유상증자, 무상증자 및 주식배당에 의하여 신주를 발행하는
경우 신주에 대한 이익의 배당에 관하여는 신주를 발행한 때가 속하는 영
업연도의 직전 영업연도 말에 발행된 것으로 본다.

제12조【시가발행】

본 회사는 신주를 발행함에 있어서 그 일부 또는 전부를 시가로 발행할
수 있으며 그 발행가액은 이사회의 결의로 정한다.

제13조【주권의 명의개서등】

① 주식의 양도로 인하여 명의개서를 청구할 때에는 본 회사 소정의 청구서에 주권을 첨부하여 제출해야 한다. 상속, 유증 기타 계약 이외의 사유로 인하여 명의개서를 청구할 때에는 본 회사 소정의 청구서에 주권 및 취득원인을 증명하는 서류를 첨부하여야 한다.

② 본 회사는 주주명부의 기재에 관한 사무를 처리하기 위하여 명의개서 대리인을 둘 수 있다. 명의개서 대리인은 이사회의 결의에 의하여 선정한다.

제14조【주권의 재발행】

주권의 재발행을 청구할 때에는 본 회사 소정의 청구서에 다음 서류를 첨부하여 제출해야 한다.

① 주권을 상실한 때에는 확정된 제권 판결 정본
② 주권을 훼손한 때에는 그 주권, 다만 훼손으로 인하여 그 진위를 판별할 수 없을 때에는 전호에 준한다.
③ 주권의 분할, 병합을 구하는 때에는 그 주권

제15조【수수료】

제11조 내지 제12조에서 정하는 청구를 하는 자는 본 회사가 정하는 수수료를 납부하여야 한다.

제15조 【수수료】 - 개정＊

<u>주권의 명의개서 내지 주권의 재발행</u>을 청구하는 자는 본 회사가 정하는 수수료를 납부하여야 한다.

《해설》

정관을 살펴보면 아마도 제10조와 제11조가 설립 이후 추가된 것으로 보입니다. 추가된 내용이 생겼으니 수수료 조항의 내용도 제11조 → 제13조, 제12조 → 제14조로 변경하여야 했으나 여기까지는 점검하지 못했던 것 같습니다. 따라서 이와 같이 되어 있는 조항은 직접 내용을 기재하면 변경할 필요가 없게 됩니다. 불편한 사항은 정관을 개정하는 것이 좋습니다.

제16조 【주주 등의 주소, 성명 및 인감 또는 서명 등 신고】

① 주주와 등록질권자는 그 성명, 주소 및 인감 또는 서명 등을 명의개서 대리인에게 신고하여야 한다.

② 외국에 거주하는 주주와 등록질권자는 대한민국 내에 통지를 받을 장소와 대리인을 정하여 신고하여야 한다.

③ 제1항 및 제2항의 변동이 있는 경우에도 같다.

제17조 【주주명부의 폐쇄 및 기준일】

본 회사는 매 결산기 종료일부터 그 결산에 관한 정기주주총회 종결일까지 주주명부 기재변경을 정지한다.

제17조 【주주명부의 폐쇄 및 기준일】- 개정*

① 본 회사는 매 결산기 종료일 다음 날부터 그 결산에 관한 정기주주총회 종결일까지 권리에 관한 주주명부의 기재변경을 정지한다.

② 본 회사는 매년 12월 31일 최종의 주주명부에 기재되어 있는 주주를 그 결산기에 관한 정기주주총회에서 권리를 행사할 주주로 한다.

③ 본 회사는 임시주주총회의 소집 기타 필요한 경우 이사회의 결의로 3월을 경과하지 아니하는 일정한 기간을 정하여 권리에 관한 주주명부의 기재변경을 정지하거나 이사회의 결의로 정한 날에 주주명부에 기재되어 있는 주주를 그 권리를 행사할 주주로 할 수 있으며, 이사회가 필요하다고 인정하는 경우에는 주주명부의 기재변경 정지와 기준일의 지정을 함께 할 수 있다. 회사는 이를 2주간 전에 공고하여야 한다.

《해설》

오타인지는 알 수 없으나, 12월 말 결산법인인 경우 결산 종료일부터가 아니라 결산 종료 익일 또는 종료 다음 날부터 주주명부 폐쇄에 들어가야 합니다. 주주명부 폐쇄 내용은 다음 두 가지로 구분하여 작성하는 것이 법인현장에서 효율적입니다.

1. 정기주주총회를 위한 주주명부 폐쇄
2. 임시주주총회를 위한 주주명부 폐쇄 - 위의 ③번 항목이 여기에 해당합니다.

제17조의 2【자기주식의 취득】- 신설*

① 본 회사는 주주총회의 결의로 다음의 방법에 따라 자기의 명의와 계산으로 자기주식을 취득할 수 있다.

1. 거래소에서 시세가 있는 주식의 경우에는 거래소에서 취득하는 방법

2. 주식의 상환에 관한 종류주식의 경우 외에 각 주주가 가진 주식 수에 따라 균등한 조건으로 아래의 방법으로 취득하는 것

   가. 회사가 모든 주주에게 자기주식 취득의 통지 또는 공고를 하여 주식을 취득하는 방법

   나. 자본시장과 금융투자업에 관한 법률 규정에 따른 공개매수의 방법

② 자기주식을 취득한 회사는 지체 없이 취득내용을 적은 자기주식 취득내역서를 본점에 6개월간 갖추어두어야 한다.

③ 자기주식 취득가액의 총액은 직전 결산기의 대차대조표상의 순자산액에서 다음 각 호의 금액을 뺀 금액을 초과하지 못한다. 회사는 해당 영업연도의 결산기에 대차대조표상의 순자산이 다음 각 호의 금액의 합계액에 미치지 못할 우려가 있는 경우에는 자기주식의 취득을 하여서는 아니 된다. 그럼에도 불구하고 자기주식을 취득한 경우에는 이사는 회사에 연대하여 부족한 금액을 배상할 책임을 진다. 다만, 이사가 위와 같은 우려가 없다고 판단하

는 때에 주의를 게을리하지 아니하였음을 증명한 경우는 그러하지 아니하다.

1. 자본금의 액
2. 그 결산기까지 적립된 자본준비금과 이익준비금의 합계액
3. 상법시행령에서 정하는 미실현이익
4. 직전 결산기의 정기총회에서 이익으로 배당하거나 지급하기로 정한 금액
5. 중간배당에 따라 당해 결산기에 적립하여야 할 이익준비금

④ 회사는 자기주식을 취득하기 위하여 미리 주주총회의 결의로 다음의 사항을 결정하여야 한다.

1. 취득할 수 있는 주식의 종류 및 수
2. 취득가액의 총액의 한도
3. 1년을 초과하지 아니하는 범위에서 자기주식을 취득할 수 있는 기간

제17조의3【자기주식 취득의 방법】– 신설＊
① 회사가 상법의 방법으로 자기주식을 취득하는 경우에는 이사회 결의로 다음 각 항목의 사항을 정하고 주식취득의 조건은 균등하게 정하여야 한다.

1. 자기주식 취득의 목적

2. 취득할 주식의 종류 및 수

3. 주식 1주를 취득하는 대가로 교부할 금전이나 그밖의 재산의 내용 및 그 산정 방법

4. 주식 취득의 대가로 교부할 금전 등의 총액

5. 20일 이상 60일 내의 범위에서 주식양도를 신청할 수 있는 기간

6. 양도신청기간이 끝나는 날부터 1개월의 범위에서 양도의 대가로 금전 등을 교부하는 시기와 그밖에 주식취득의 조건

② 회사는 양도신청기간이 시작하는 날의 2주 전까지 각 주주에게 회사의 재무 현황, 자기주식 보유 현황 및 제1항의 사항을 서면 또는 각 주주의 동의를 받아 전자문서로 통지하여야 한다. 다만, 무기명식의 주권을 발행한 경우에는 3주 전에 공고하여야 한다.

③ 주식을 양도하려는 주주는 양도신청기간이 끝나는 날까지 양도하려는 주식의 종류와 수를 적은 서면으로 회사에 신청하여야 한다.

④ 회사와 그 주주 사이의 주식 취득을 위한 계약 성립의 시기는 양도신청기간이 끝나는 날로 정하고, 각 주주가 신청한 주식의 총수가 회사가 취득할 주식의 총수를 초과하는 경우에는 안분계산하여 정하며 끝수는 버린다.

제17조의4【자기주식 취득의 처분】- 신설*

회사가 보유하는 자기의 주식을 처분하는 경우에 다음 각 호의 사항 으로서 이사회가 결정하여 처분한다.

1. 처분할 주식의 종류와 수
2. 처분할 주식의 처분가액과 납입기일
3. 주식을 처분할 상대방 및 처분방법

《해설》

자기주식 취득과 관련해서는 상위법의 절차를 준용하여 진행하면 되기 때문에 정관에 없어도 되는 규정이나 법인현장에서 잘못 설명하므로 빌미를 제공하지 않기 위해서 신설하여 제17조 밑에 내용을 추가합니다. 신설되는 조항이 있을 경우 '제○○조의2'부터 사용하면 됩니다. '제○○조'가 출발선이기 때문에 '제○○조의1'과 동일하다고 생각하면 됩니다.

제3장 사채

제18조【사채의 발행】

본 회사는 최종 대차대조표에 의하여 회사에 현존하는 순자산총액의 4배를 초과하지 않는 범위 내에서 이사회의 결정에 의하여 주주 및 주주 외의 자에게 사채, 전환사채, 신주인수권부사채 및 교환사채를 발행할 수 있다.

제18조【사채의 발행】- 개정＊

본 회사는 <u>이사회의 결의로</u> 주주 및 주주 외의 자에게 사채, 전환사채, 신주인수권부사채 및 교환사채를 발행할 수 있다.

《해설》

정관에 사채규정이 있다는 것은 언젠가는 회사가 사채를 발행할 생각이 있다고 해석할 수 있습니다. 사채를 과다하게 발행하는 경우 문제가 생길 수 있기 때문에 과거 상법에서는 이를 순자산총액의 4배로 제한하였습니다. 그러나 2011년 4월 14일(2012. 4. 15 시행) 상법을 개정하여 비상장법인의 경우에도 상장법인과 같이 사채발행한도를 폐지하였으며, 사채를 발행할 경우 이사회의 결의로 정하도록 하였습니다.

제19조【전환사채의 발행】

① 전환사채는 다음 각 호의 경우에 발행할 수 있다.

1. 전환사채를 일반 공모의 방법으로 발행하는 경우
2. 경영상 필요로 외국인투자촉진법에 의한 외국인 투자를 위하여 전환사채를 발행하는 경우
3. 기술도입 필요에 의하여 그 제휴회사에 전환사채를 발행하는 경우

② 전환사채의 총액, 전환의 조건, 전환으로 발생할 주식의 내용, 전환을 청구할 수 있는 기간 등은 이사회의 결의로 정한다.

제20조【신주인수권부사채의 발행】

① 신주인수권부사채는 다음 각 호의 경우에 발행할 수 있다.

1. 신주인수권부사채를 일반 공모 방법으로 발행하는 경우
2. 경영상 필요로 외국인투자촉진법에 의한 외국인 투자를 위하여 신주인수권부사채를 발행하는 경우
3. 기술도입 필요에 의하여 그 제휴회사에 신주인수권부사채를 발행하는 경우

② 신주인수권부사채의 총액, 신주인수권부사채에 부여된 신주인수권의 내용, 신주인수권의 행사기간, 주주 및 주주 외의 자에게 신주인수권을 준다는 뜻과 신주인수권행사로 발행할 주식의 종류는 이사회의 결의로 정한다.

제20조의2 【교환사채의 발행】- 신설＊

① 본 회사는 이사회의 결의로 교환사채를 발행할 수 있다.

② 교환사채의 발행액, 교환을 행사할 수 있는 기간은 이사회의 결의로 정한다.

③ 교환사채는 본 회사의 보통주식과 교환한다.

《해설》

제19조(사채의 발행) 내용에 사채, 전환사채, 신주인수권부사채 및 교환사채를 발행할 수 있다고 명시되어 있음에도 교환사채 발행 내용이 빠져 있으므로 이 조항을 신설합니다.

제21조 【사채발행에 관한 준용규정】

제16조 및 제17조의 규정은 사채발행의 경우에 준용한다.

제21조 【사채발행에 관한 준용규정】- 개정＊

이 정관에서 정한 주주 등의 주소, 성명 및 인감 또는 서명 등 신고, 주주명부 폐쇄 및 기준일 규정은 사채발행의 경우에 준용한다.

《해설》

'제○○조에 의해서' 라고 작성하지 않고 해당 내용을 글로 기재하여 정관의 추가나 삭제가 있어도 개정할 필요가 없도록 변경합니다.

제4장 주주총회

제22조【정기총회와 임시총회】

정기주주총회는 매 사업연도 종결 후 1월 이내에 이를 소집하고, 임시 주주총회는 필요한 경우에 수시로 이를 소집할 수 있다.

제22조【소집시기】-개정*

① 본 회사의 정기주주총회는 영업연도 말일의 다음 날부터 <u>3개월 이내</u>에 소집하고 임시주주총회는 필요한 경우에 수시로 소집한다.

② 총회의 소집은 법령에 다른 규정이 있는 경우를 제외하고는 이사회의 결의에 의하여 대표이사가 소집한다.

③ 대표이사의 유고 시는 이 정관이 정한 직무대행자 순으로 소집한다.

《해설》

1. 12월 말 결산법인인 경우 3개월 이내에 정기주추총회에서 결산보고 승인을 하도록 되어 있으나, 위 조항과 같이 정기주주총회를 1월 이내에 소집하도록 정하게 되면 결산을 1월 이내에 종결해야 하는 문제가 발생하게 됩니다. 물론, 1개월 이내에 결산을 못 하는 것은 아니겠지만 시간적으로 쫓기게 되는 것은 사실입니다.

2. 제목 역시 주주총회의 소집시기로 변경하는 것이 효율적이며, 소집 관련 내용으로 개정하여 사용하는 것이 효율적입니다.

제23조【소집통지】

① 주주총회를 소집함에는 그 일시, 장소 및 회의 목적 사항을 기명주주에게는 총회일 10일 전에, 무기명주주에게는 총회일 2주 전에 서면으로 통지서를 발송하거나 각 주주의 동의를 받아 전자문서로 통지를 발송하여야 한다. 다만, 이 기간은 총회 전에 모든 주주의 서면, 전신 또는 전자문서에 의한 동의로 단축할 수 있다. 단, 주주의 동의가 있는 때에는 소집절차 없이 주주총회를 개최할 수 있다.

② 의결권 있는 발행주식 총수의 100분의 1 이하의 주식을 소유한 주주에 대한 소집통지는 2주간 전에 주주총회를 소집한다는 뜻과 회의의 목적 사항을 등기된 공고방법에 따라 2회 이상 공고함으로써 서면에 의한 소집통지에 갈음할 수 있다.

제23조【소집통지 및 공고】- 개정＊

① 주주총회를 소집함에는 그 일시, 장소 및 회의 목적 사항을 주주총회일 2주 전에 각 주주에게 서면으로 통지를 발송하거나 각 주주의 동의를 받아 전자문서로 통지를 발송하여야 한다.

② 제1항에도 불구하고 **자본금 총액이 10억 원 미만인 회사가** 주주총회를 소집하는 경우에는 주주총회일의 10일 전에 각 주주에게 서면으로 통지를 발송하거나 각 주주의 동의를 받아 전자문서로 통지를 발송할 수 있다.

③ **자본금 총액이 10억 원 미만인 회사는 주주 전원의 동의가 있을**

경우에는 소집절차 없이 주주총회를 개최할 수 있다.

④ 의결권 있는 발행주식 총수의 100분의 1 이하의 주식을 소유한 주주에 대한 소집통지는 2주간 전에 주주총회를 소집한다는 뜻과 회의의 목적 사항을 등기된 공고방법에 따라 2회 이상 공고함으로써 서면에 의한 소집통지에 갈음할 수 있다.

《해설》

1. 주주총회의 소집통지는 원칙적으로 2주 전에 발송해야 하며, 자본금 총액이 10억 원 미만인 회사의 경우에만 10일 전으로 정할 수 있습니다.

2. 또한, 제1항의 두 번째 단서 조항에는 두 가지 개정사항이 있습니다. 하나는 단서 조항을 해석하면 주주 중 누구든지 주주 1명의 동의를 받으면 소집절차를 생략할 수 있다고 해석상 오해할 수 있는데, 이는 잘못된 규정입니다. 주주 인원에 관계 없이 주주 전원의 동의가 있을 경우에만 소집절차를 생략할 수 있습니다. 또 하나는 주주 전원의 동의로 소집절차를 생략할 수 있는 회사는 자본금 총액이 10억 원 미만인 경우에 한해서 가능합니다.

제23조의2 【소집지】 - 신설＊

주주총회는 본점 소재지에서 개최하되 필요에 따라 이의 인접지역에서도 개최할 수 있다.

《해설》

① 주주총회와 관련해서는 "소집시기", "소집권자(소집시기에 포함 가능)", "소집통지 및 공고", "소집지"를 모두 포함해서 활용하는 것이 좋습니다.

② 소집지와 관련해서 주의할 점은 주주총회를 본점 소재지 인접지역에서 개최하도록 하였기 때문에 주주가 해외에 출장 중이라고 해서 해외에서 주주총회를 개최하는 것은 주주총회 자체가 무효가 될 위험이 있습니다. 또한 해외에 있는 주주가 주주총회에 참석한 것으로 되어 있는 경우 역시 무효가 될 수 있습니다.

제24조【주주총회의 의장】

주주총회의 의장은 대표이사가 된다. 대표이사가 유고인 때에는 정관에서 정한 순서에 따라 다른 이사가, 이사 전원이 유고인 때에는 출석한 주주 중에서 선임된 자가 그 직무를 대행한다.

《해설》

간혹 1인 이사만 있는 법인의 경우 '주주총회의 의장은 이사가 된다'라고 되어 있으면, 위의 규정과 같이 개정하여 사용하는 것이 좋습니다.

제24조의 2【의장의 질서유지권】－신설＊

① 주주총회의 의장은 그 주주총회에서 고의로 의사진행을 방해하기 위한 언행을 하거나 질서를 문란하게 하는 자에 대하여 그 발언의 정지, 취소 또는 퇴장을 명할 수 있으며, 그 명을 받은 자는 이에 응하여야 한다.
② 주주총회의 의장은 의사진행의 원활을 기하기 위하여 필요하다고 인정할 때에는 주주의 발언 시간 및 횟수를 제한할 수 있다.

의장 조항 밑에 의장의 질서유지권을 보완하는 것이 업무에 도움이 됩니다. 주주총회를 방해하는 사람이 있는 경우 의장이 정관에 명시되어 있는 규정으로 인식시켜 이에 대한 대비를 하기 위한 목적입니다.

제25조【주주총회의 결의】

주주총회의 결의는 법령 또는 정관에 다른 정함이 있는 경우를 제외하고는 출석한 주주의 의결권의 과반수로 하되 발행주식 총수의 4분의 1 이상의 수로 하여야 한다.

제25조【주주총회의 결의】- 약식개정*

① 주주총회의 결의는 법령 또는 정관에 다른 정함이 있는 경우를 제외하고는 출석한 주주의 의결권의 과반수로 하되 발행주식 총수의 4분의 1 이상의 수로 하여야 한다.

② 자본금 총액이 10억 원 미만인 경우 서면에 의한 결의로써 주주총회의 결의를 갈음할 수 있고, 결의의 목적 사항에 대하여 주주 전원이 서면으로 동의를 한 때에는 서면에 의한 결의가 있는 것으로 본다.

제25조【주주총회의 결의】- 일반결의, 특별결의 구분 개정*

① 주주총회의 결의는 이 법 또는 정관에 다른 정함이 있는 경우를

제외하고는 출석한 주주의 의결권의 과반수와 발행주식 총수의 4분의 1 이상의 수로써 하여야 한다.

② 법률 및 정관에 다른 정함이 있는 경우를 제외하고는 다음의 경우는 출석주식 총수의 과반수의 찬성으로 한다.

1. 이익배당
2. 이사 및 감사의 급여, 상여금 기타보수 및 퇴직금의 결정
3. 상법 재무제표 및 영업보고서의 승인
4. 이사, 감사의 선임
5. 기타 법률의 규정에 의하여 주주총회의 의결을 요하는 사항 및 이사회에서 요구하는 사항

③ 다음 사항은 출석한 주주의 의결권의 3분의 2 이상의 수와 발행주식 총수의 3분의 1 이상의 수로써 하여야 한다.

1. 정관변경
2. 수권자본의 증가
3. 회사의 합병, 분할, 분할합병, 해산, 청산 또는 회사정리법에 따른 회사정리
4. 본 회사의 영업 및 자산의 전부 또는 2분의 1 이상의 양도, 또는 다른 회사의 영업 및 자산의 전부 또는 2분의 1 이상의 양수

5. 이사, 감사 및 청산인의 해임

6. 자본금의 감소

7. 주식매수선택권을 부여받을 자의 성명, 주식매수선택권의 부여방
   법, 주식매수선택권의 행사가격 및 행사기간, 주식매수선택권을
   부여받을 자 각각에 대하여 주식매수선택권의 행사로 교부할 주
   식의 종류 및 수

8. 기타 법령의 규정에 의한 경우

《해설》

주주총회의 결의 조항은 약식으로 변경하여 사용하는 법인이 있는 반면 일반결의
내용과 특별결의 내용을 구체적으로 조항에 삽입하여 사용하는 법인도 있습니다.

제26조【의결권 및 대리행사】

① 주주의 의결권은 1주마다 1개로 한다.

② 주주는 대리인으로 하여금 그 의결권을 행사하게 할 수 있다. 이 경
   우에는 그 대리인은 대리권을 증명하는 서면을 총회에 제출하여야
   한다.

《해설》

대리권을 증명하는 서면을 의장 또는 이사에게 제출하도록 되어 있는 정관은 이를
주주총회에 제출하도록 개정해야 합니다.

제27조 【총회의 의사록】

주주총회의 의사록에는 의사의 경과요령과 그 결과를 기재하고 의장과 출석한 이사가 기명날인 또는 서명하여야 한다.

《해설》

1. 주주총회 의사록임에도 참석주주는 의사록에 날인할 의무가 없습니다. 즉, 주주 총회에 참석하였다 할지라도 날인하지 않아도 관계는 없습니다. 또한, 대표이사 인 의장은 주주로서 날인하는 것이 아니라 의장과 이사로서 날인하는 것입니다. 따라서 의사록에는 의장 겸 대표이사로 표기해야 합니다.(1인 이사인 경우에는 사내이사로 표기)

2. 주주이면서 이사인 사람은 주주로서 날인하는 것이 아니라 이사로서 날인하는 것 입니다.

3. 주주가 날인하기를 원하는 경우 '주주 ○○○'로 날인하면 됩니다.

제5장 이사와 감사

제28조【이사와 감사의 수】

본 회사의 이사는 1인 이상으로 하며 이사회를 구성하지 아니한다. 감사는 1인 이상으로 한다.

제28조【이사와 감사의 수】-개정*

① 본 회사의 이사는 3명 이상, 감사는 1명 이상으로 한다.

② 다만, 자본금 총액이 10억 원 미만인 경우에는 이사를 1명 또는 2명으로 할 수 있으며, 감사를 선임하지 않을 수 있다.

③ 1인 이사인 경우에는 이 정관의 대표이사의 권한과 의무는 1인 이사가 대행한다.

④ 이사회가 구성되지 않은 경우와 감사가 선임되지 않은 경우에는 이사회 권한과 감사의 직무를 주주총회가 대행한다.

《해설》

1. 자본금 총액이 10억 원 미만인 회사이기 때문에 이사를 1명 이상으로 한다고 규정한 것으로 보입니다. 물론, 자본금 총액이 10억 원 미만인 경우 감사를 선임하지 않아도 됩니다.

2. 그럼에도 감사가 선임된 이유는 법인을 설립하는 경우 조사보고업무를 담당할 지분이 없는 이사 또는 감사가 필요하기 때문에 감사를 1명 이상으로 정한 것으로

보입니다.

3. 이와 같이 규정한 경우 이사 충원, 자본금 증자 등에 따라 계속 정관을 개정해야 하는 문제가 발생합니다.

4. 상법은 여전히 이사를 3인 이상, 감사를 1인 이상으로 규정하고 있습니다. 다만, 자본금 규모에 따라 예외규정을 허용하기 때문에 원칙대로 규정을 제정한 후 예외규정은 단서 조항으로 명시하면 상황에 따라 정관을 개정할 필요가 없습니다.

제29조【이사 및 감사의 선임】

본 회사의 이사 및 감사는 제23조의 결의방법에 의하여 선임한다. 그러나 감사의 선임에 있어서 의결권 없는 주식을 제외한 발행주식 총수의 100분의 3을 초과하는 수의 주식을 가진 주주는 그 초과하는 주식에 관하여 의결권을 행사하지 못한다.

제29조【이사 및 감사의 선임】-개정＊

① 이사와 감사는 주주총회에서 선임한다.

② 이사와 감사의 선임은 출석한 주주의 의결권의 과반수로 하되 발행주식 총수의 4분의 1 이상의 수로 하여야 한다. 그러나 감사의 선임에 있어서 의결권 없는 주식을 제외한 발행주식 총수의 100분의 3을 초과하는 수의 주식을 가진 주주는 그 초과하는 주식에 관하여 의결권을 행사하지 못한다.

《해설》

1. 이사 및 감사의 선임에 관련된 내용임에도 어디에서 선임하라는 내용이 없습니다. 따라서 먼저 선임을 어디에서 하는지를 개정합니다.

2. 본 정관 제23조의 내용을 살펴보면 결의방법이 아니라 소집통지에 대한 규정입니다. 정관의 2개조가 신설되었기 때문에 제29조 내용도 23조를 25조로 변경하여야 함에도 여기까지는 점검하지 못한 결과입니다. 이처럼 '○○조에 의한다'라고 정관을 작성하면 정관의 내용이 추가되거나 삭제된 경우 불편한 일이 발생하게 됩니다. 따라서 직접 내용을 작성해야 이런 불편함을 해소할 수 있습니다.

제30조【이사 및 감사의 임기】

① 이사의 임기는 3년으로 한다. 다만 재임 중 최종 결산기에 관한 정기주주총회 이전에 그 임기가 만료될 때에는 그 총회의 종결 시까지 그 임기를 연장한다.

② 감사의 임기는 3년으로 한다. 그러나 임기가 재임 중 최종 결산기에 관한 정기주주총회의 종결 전에 끝날 때는 그 총회 종결에 이르기까지 그 임기를 연장한다.

《해설》

1. 특별히 변경할 내용은 없습니다. 다만, 점검할 것은 간혹, 법인등기부등본의 임기는 3년마다 중임을 하는데 정관에는 2년으로 되어 있으면 등기부등본과 정관의 임기를 통일해야 합니다.

2. 혹시, 이사의 수가 2명 이상일 경우 같은 날짜가 아니면 모두 사임시키고 같은 날짜에 취임하는 것으로 등기를 변경해놓는 것이 좋습니다. 임기가 서로 다른 경우 이사 각각의 임기 때마다 등기해야 하는 불편함과 비용이 추가되기 때문입니다.

제31조【보선】

이사와 감사에 결원이 생긴 경우에는 임시주주총회에서 그를 보선한다. 그러나 법정원수를 결하지 아니하고 업무수행상 지장이 없는 경우에는 그러하지 아니한다. 보결 또는 증원에 의하여 선임된 이사 및 감사의 임기는 현재 임원의 나머지 기간으로 한다.

제31조【이사 및 감사의 보선】-개정*

① 이사 및 감사에 결원이 생긴 때에는 <u>주주총회</u>에서 이를 선임한다. 그러나 법정원수를 결하지 아니하고 업무수행상 지장이 없는 경우에는 그러하지 아니한다.

② 보결 또는 증원에 의하여 선임된 이사 및 감사의 임기는 <u>취임한 날로부터 기산한다.</u>

《해설》

1. 상법에 없는 내용을 구태여 정관에 넣어 제약을 둘 필요는 없습니다. 이사 및 감사의 보선은 상황에 따라 정기주주총회에서 선임할 수도 있고, 임시주주총회에서 선임할 수도 있습니다. 임시주주총회에서만 선임하도록 제한을 둘 필요가 없다는

뜻입니다. 제목도 명확히 하려고 개정하였습니다.

2. 보선에 의한 이사와 감사의 임기를 현재 임원의 잔여임기로 하는 경우 첫째, 한 달 후 다시 중임 등기를 해야 하는 문제가 생길 수 있고, 둘째, 감사는 대부분 1명을 선임하는데 현재 감사가 없기 때문에 잔임기를 계산할 수 없는 문제가 생기고, 셋째, 임원의 임기는 등기된 날을 기준으로 업무를 진행하기 때문에 정관규정을 위반하는 사례가 될 수 있습니다.

3. 위의 문제를 해결하는 방법은 이사와 감사의 보선이 있는 경우 나머지 이사와 감사를 모두 사임등기하고 같은 날 취임등기로 업무를 처리하면 효율적입니다.

제32조【대표이사】

① 본 회사는 이사회의 결의로 1인 또는 수 인의 대표이사를 선임할 수 있다.

② 본 회사는 이사회의 결의로 전무이사, 상무이사를 선임할 수 있다.

③ 대표이사가 수 명일 때는 각자 회사를 대표하되 이사회의 결의로 공동대표 규정을 정할 수 있다.

제32조【대표이사 등의 선임】-개정＊

① 본 회사는 이사회의 결의로 1인 또는 수 인의 대표이사를 선임할 수 있다.

② 본 회사는 이사회의 결의로 이사 중에서 회장, 부회장, 사장, 부사장, 전무, 상무 등의 직책을 부여할 수 있다.

③ 대표이사가 수 명일 때는 각자 회사를 대표하되 이사회의 결의로 공동대표 규정을 정할 수 있다.

《해설》

1. 이사 중에서 대표를 결정하는 것이기 때문에 대표이사를 이사회에서 선임하는 것은 맞습니다. 그러나 제2항과 같이 이사를 이사회에서 선임할 수는 없습니다. 상법규정과 본 정관 제29조와 같이 이사와 감사는 주주총회에서 선임하도록 되어 있습니다.
2. 아마 이사회에 이사가 여러 명 있기 때문에 전무, 상무라는 직책을 이사회에서 결정하도록 한 것으로 생각됩니다.
3. 참고로 이사가 1명인 경우에는 대표이사라는 명칭은 사용하지 않습니다. 법인등기부등본, 주주총회의사록, 정관말미에 대표이사 대신 사내이사로 기재합니다.
4. 만약, 대표이사를 이사회가 아닌 주주총회에서 선임하고 싶은 경우 주주총회에서 선임하도록 정관규정을 변경하여 사용하면 됩니다.

제32조의2 【이사의 직무】 - 신설 *

① 대표이사는 회사를 대표하고 업무를 총괄한다.
② 전무이사, 상무이사 및 이사는 대표이사를 보좌하고 이사회에서 정하는 바에 따라 본 회사의 업무를 분장, 집행하며 대표이사 유고 시에는 위 순서대로 업무를 대행한다.

《해설》

① 이사 및 감사의 규정에 대한 내용이므로 이사의 직무에 대한 항목을 추가하였습니다.

② 이 규정을 신설한 이유는 제24조(주주총회의 의장) 규정에서 대표이사가 유고인 경우 정관에서 정한 순서에 따라 다른 이사가 의장이 된다고 규정했으나 실제 이 회사의 정관 규정 어디에도 대표이사 유고 시 순서를 정한 규정이 없었기 때문에 그 순서에 대한 규정을 삽입하기 위한 목적도 있습니다.

제32조의3 【감사의 직무】- 신설＊

① 감사는 본 회사의 회계와 업무를 감사한다.

② 감사는 이사회에 출석하여 의견을 진술할 수 있으며, 이사가 법령 또는 정관에 위반한 행위를 하거나 그 행위를 할 염려가 있다고 인정한 때에는 이사회에 이를 보고하여야 한다.

③ 감사는 회의의 목적 사항과 소집 이유를 기재한 서면을 이사회에 제출하여 임시총회의 소집을 청구할 수 있다.

④ 감사는 감사에 관하여 감사록을 작성하여야 한다.

《해설》

이사 및 감사의 규정에 대한 내용이므로 이사의 직무 다음에 감사의 직무 항목을 추가하였습니다.

제33조 【임원의 보수와 퇴직금】

임원의 보수 또는 퇴직한 임원의 퇴직금은 다음과 같다.

① 목적

이 규정은 회사 임원의 보수 및 퇴직금 지급에 관한 사항을 정함을 목적으로 한다.

② 적용범위

1) 이 규정은 이사 이상의 임원에 대하여 적용한다.

2) 임원에 준하는 대우를 받더라도 별도 계약에 의하여 근무하는 자는 그 별도 계약에 의한다.

③ 주관부서

임원의 보수 및 퇴직금 지급에 관한 업무의 주관부서는 본사 인사부로 한다.

④ 보수 및 퇴직금의 산정

1) 임원의 보수는 직위별로 아래의 한도를 기준으로 지급한다.

2) 임원의 퇴직금 산정은 [평균임금(기본금+상여금)×재임연수×지급률]로 한다.

직 위	보수한도 (연간기준)	퇴직금	
		지급기준	지급률
대표이사	5.0억 원	재임연수 1년	5개월분
전무이사	4.5억 원	재임연수 1년	1개월분
상무이사	4.0억 원	재임연수 1년	1개월분
상근이사	3.5억 원	재임연수 1년	1개월분
상임이사	3.0억 원	재임연수 1년	1개월분

⑤ 재임연수의 계산

1) 재임기간은 선임일자로부터 실근무 종료일까지로 한다.

2) 1년 미만의 기간은 월할 계산하고 1개월 미만의 기간은 1개월로 계산한다.

3) 재임기간이 1년 미만이라도 월할 계산한다.

⑥ 연임임원에 대한 계산

임원이 각 직위를 연임하였을 경우에는 퇴직 당시 평균임금(기본금+상여금)을 기준으로 직위별 지급률에 해당 직위의 재임기간을 곱한 금액을 합산하여 지급한다.

⑦ 특별위로금

회사에 특별한 공로가 있는 임원이 퇴임할 경우에는 이사회의 결의를 얻어 퇴직금과는 별도로 퇴직금의 50% 범위 내에서 특별위로금을 지급할 수 있다.

⑧ 퇴임월의 급여 및 퇴직금 중간정산제도

퇴임 당월의 급여는 근무일수에 관계없이 해당 월급여 전액을 지급한다. 또한 퇴직금은 중간정산할 수 있으며, 이는 주주총회의 결의로 승인하여 정산하도록 한다.

제33조 【임원의 보수·퇴직금·퇴직위로금·유족·장해보상금】-개정＊

① 임원의 보수는 주주총회의 결의를 거친 임원 보수 지급규정에

의한다.

② 임원의 퇴직금은 주주총회의 결의를 거친 임원퇴직금 지급규정에 의한다.

③ 임원의 퇴직위로금은 주주총회의 결의를 거친 임원 퇴직위로금 지급규정에 의한다.

④ 임원의 유족·장해보상금은 주주총회의 결의를 거친 임원 유족·장해보상금지급규정에 의한다.

《해설》

1. 여기에서는 정관 해설이기 때문에 임원의 퇴직금 지급규정 문제점에 대해서는 다루지 않겠습니다.

2. 앞에서 정관은 회사의 기밀서류가 아니라고 설명했습니다. 왜냐하면 수시로 외부로 내보내는 서류이기 때문입니다. 그러나 임원의 보수, 퇴직금은 회사의 기밀사항입니다. 따라서 외부로 수시로 내보내는 서류에 회사의 기밀내용을 기재하는 것은 결코 회사에 유리할 수 없습니다.

3. 정관에서는 그저 주주총회에 위임한다는 내용만 기재하는 것으로 충분합니다. 회사의 기밀내용인 임원의 보수, 퇴직금 등은 주주총회의사록에 첨부하여 금고에 보관하고, 필요하다면 공증도 받아두는 것이 좋습니다.

제33조의2 【이사·감사의 회사에 대한 책임의 감면】– 신설*

① 이사 또는 감사가 고의 또는 과실로 법령 또는 정관에 위반하는 행위를 하거나 그 임무를 게을리한 경우에는 그 이사 또는 감사

는 회사에 대하여 연대하여 손해를 배상할 책임이 있다.

② 제1항에 따른 이사 또는 감사의 책임은 주주 전원의 동의로 면제
할 수 있다.

③ 제1항에 따른 이사 또는 감사의 책임은 이사 또는 감사가 그 행
위를 한 날 이전 최근 1년간의 보수액(상여금과 주식매수선택권
의 행사로 인한 이익 등을 포함)의 6배(사외이사일 경우 3배)를
초과하는 금액에 대하여 면제할 수 있다.

④ 이사 또는 감사가 고의 또는 중대한 과실로 회사에 손해를 발생
시킨 경우에는 회사에 대한 책임의 면제 및 감면을 적용하지 않
는다.

《해설》

1. 등기된 이사와 감사는 회사에 대해서 무한책임을 지며, 이사가 고의 또는 과실로
법령 또는 정관에 위반한 행위를 하거나 그 임무를 게을리한 경우도 마찬가지입
니다. 그 행위가 이사회의 결의에 따른 경우에는 이사회에 참석하여 그 결의에 찬
성한 이사도 책임이 있습니다.

2. 설령, 이사회에 참석하여 의결된 내용이 마음에 들지 않거나 개인의 생각과 달라
반대하는 경우라도 불편하여 침묵하고 의사록에 그 반대의사가 기재되지 않으면
찬성한 것으로 해석하여 동일한 책임을 지게 됩니다. 그 안건에 대한 책임을 면하
려면 의사록에 반대의견이 명시되어 기명날인 또는 서명된 경우에 한하여 면책될
수 있습니다.

3. 그런데 정관의 규정으로 이사와 감사의 무한책임을 유한책임으로 감면할 수는
있습니다. 이 규정을 '개인 같은 법인'에만 부여하는 특혜규정이라고 표현합니다.

바로 '이사·감사의 회사에 대한 책임의 감면' 제도입니다. 정관으로 이 규정을 정한 회사는 이사 또는 감사의 책임범위를 1년간 보수총액의 6배(사외이사의 경우 3배)로 제한할 수 있습니다. 다만, 모든 주주가 동의한 경우에만 해당한다는 조건이 붙습니다. 상장법인의 경우 모든 주주의 동의를 받기란 거의 불가능하기 때문에 개인 같은 법인에만 부여한 특혜규정이라고 한 것입니다.

4. 중요한 것은 정관에 규정이 있는 경우에만 효력이 발생하기 때문에 중간배당, 현물배당 규정과 같이 정관에 반드시 기재되어야 한다는 것입니다.

5. 이 경우에도 회사에 대한 책임은 감면제도가 있으나 제3자에 대한 책임은 감면제도가 없다는 점을 명심해야겠습니다.

제33조의3【비상근 임원, 고문, 상담역】- 신설＊

① 본 회사는 주주총회의 결의로 비상근 임원, 상담역 또는 고문 약간 명을 둘 수 있다.

② 상근하지 아니하는 임원 및 상담역이나 고문은 등기하지 아니한다.

《해설》

1. 근무하지 않는 특수관계인에게 인건비를 지급하는 사항은 과세관청의 주요 세무조사 대상입니다. 따라서 비상근 임원, 상담역, 고문에게 실질적으로 인건비가 지급되는 회사의 경우 임원임을 주장하기 위해서는 관련 내용을 정관과 임원 관련 규정에 삽입하여 오해의 소지를 없애거나 혹시 있을지 모르는 세무조사에 대비하는 것이 좋습니다.

2. 통상적으로 이사와 감사를 임원으로 명명하며, 이사와 감사는 주주총회에서 선임하도록 되어 있기 때문에 비상근 임원, 고문 등은 이사회보다는 주주총회에서 선임하여 주주총회 의사록을 작성하고 가능하면 공증도 받아놓는 것이 좋습니다.

제6장 이사회

제34조【이사회】

본 회사의 이사는 이사회를 조직하여 매월 최초의 월요일에 정기이사회를 개최함을 원칙으로 하고, 필요에 따라 수시로 임시이사회를 개최할 수 있다.

제34조【이사회】- 개정＊

① 본 회사의 이사는 이사회를 조직하여 회사 업무의 중요사항을 결의한다.

② 이사회는 필요에 따라 수시로 소집한다.

《해설》

1. 상법 어디에도 이사회를 매월 개최하라는 강제규정은 찾아볼 수 없습니다. 그럼에도 이처럼 정관규정이 되어 있는 법인이 의외로 많습니다. 또한, 이처럼 정관규정이 되어 있는 회사가 매월 이사회를 개최하는 경우도 거의 없습니다.

2. 물론, 이사는 3월에 1회 이상 업무 집행상황을 이사회에 보고하도록 한 규정(상법 제393조 제4항)은 존재합니다. 그렇다 해도 이행하지 않음에 대한 제재 또한 없습니다.

3. 따라서 회사가 필요한 경우 이사회를 개최하도록 규정을 변경하여 활용하는 것이 좋습니다.

제35조【이사회의소집】

이사회는 대표이사 또는 이사회에서 따로 정한 이사가 있는 때는 그 이사가 회일의 2주일 전에 이사 및 감사에 통지하여 소집한다. 그러나 이사 및 감사의 동의가 있는 때에는 소집절차를 생략할 수 있다.

제35조【이사회의소집】- 개정＊

이사회는 대표이사 또는 이사회에서 따로 정한 이사가 있는 때에는 그 이사가 회일 일주일 전에 각 이사 및 감사에게 통지하여 소집한다. 그러나 이사 및 감사 전원의 동의가 있는 때에는 소집절차를 생략할 수 있다.

《해설》

1. 언뜻 보면 규정에 큰 문제가 없을 수도 있습니다. 그러나 실무에서는 오해의 소지나 불편한 사항이 있기 때문에 두 가지를 개정합니다.
2. 이사회는 이사 및 감사의 동의가 있을 경우 소집절차를 생략할 수 있는 것이 아니라 '이사 및 감사 전원의 동의'가 있는 경우에 생략할 수 있습니다. 한 사람이라도 빠지면 생략할 수 없습니다.
3. 상법 규정에는 주주총회 소집은 2주 전에, 이사회 소집은 1주 전에 통지하도록 되어 있습니다. 그럼에도 2주일 전으로 규정한 것은 주주총회 소집과 헷갈린 것으로 보입니다. 또한, 이사회는 정관으로 그 기간을 단축할 수 있기 때문에 1일 전, 3일 전으로 개정해서 사용해도 무방합니다.

제36조【이사회의 의장】

대표이사가 이사회의 의장이 된다. 다만 대표이사의 유고 중에는 제24조에 정한 순서에 따라 다른 이사가 의장의 직무를 대행한다.

제36조【이사회의 의장】- 개정＊

대표이사가 이사회의 의장이 된다. 다만 대표이사의 유고 시에는 전무이사, 상무이사 및 다른 이사의 순서에 따라 의장의 직무를 대행한다.

《해설》

1. '○○조에 의한다'라고 정관을 작성하면 정관의 내용이 추가되거나 삭제된 경우 불편한 사항이 발생하게 되며, 실제로 제24조에 가보면 주주총회의 의장과 관련된 내용입니다.
2. 이 조항 역시 직접적인 문구로 개정해야 실무에서 불편이 따르지 않습니다.

제37조【이사회의 결의방법】

이사회의 결의는 이사 전원의 참석과 과반수 이상의 찬성으로 하고 가부동수인 때에는 의장이 결정권을 갖는다.

제37조【이사회의 결의방법】- 개정＊

① 이사회의 결의는 이사 과반수의 출석과 출석이사 과반수의 찬성으로 한다.

② 이사회의 결의에 관하여 특별한 이해관계가 있는 자는 의결권을 행사하지 못한다.

《해설》

1. 이사회는 항상 중요한 안건을 논의한다고 생각하여 상법 규정보다 어렵게 정관을 작성하는 경우가 간혹 있으나 상법 규정을 준용하는 것이 좋습니다. 만약, 이사의 책임감과 의무를 강조하기 위하여 특별한 안건에 대해서는 과반수 찬성보다 많은 이사의 동의를 구해야 하는 경우 단서 조항을 삽입하여 활용하면 됩니다.
2. '가부동수인 때에는 의장이 결정한다'는 규정은 앞뒤가 맞지 않는 표현입니다. 과반수 찬성이란 반 수 이상을 의미하기 때문에 가부동수인 경우에는 부결되었다는 뜻입니다.

제38조【이사회의 의사록】

이사회의 의사록에는 의사의 경과요령과 그 결과를 기재하고 출석한 이사 및 감사가 기명날인 또는 서명하여야 한다.

《해설》

감사가 이사회에 출석할 의무는 없습니다. 다만, 이사회에 출석하여 진술할 권한은 있기 때문에 이사회에 출석한 경우라면 이사회 의사록에 기명날인 또는 서명하여야 합니다.

제7장 계산

제39조【영업연도】

본 회사의 영업연도는 매년 1월 1일부터 12월 31일까지로 하여 결산한다.

제40조【재무제표와 영업보고서의 작성비치】

① 본 회사의 사장은 정기주주총회 회일 6주간 전에 다음 서류 및 부속
   명세서와 영업보고서를 작성하여 이사회의 승인과 감사의 감사를
   받아 정기주주총회에 제출하여야 한다.

1. 대차대조표
2. 손익계산서
3. 이익금처분계산서 또는 결손금처리계산서

② 감사는 정기주주총회일의 1주 전까지 감사보고서를 작성하여 사장
   에게 제출하여야 한다.
③ 사장은 제1항 각 호의 서류와 그 부속명세서를 영업보고서 및 감사
   보고서와 함께 정기주주총회 회일의 1주간 전부터 본사에 5년간, 그
   사본을 지점에 3년간 보관하여야 한다.
④ 사장은 제1항 각 호의 서류에 대한 주주총회의 승인을 얻은 때에는
   지체 없이 대차대조표를 공고하여야 한다.

제40조【재무제표와 영업보고서의 작성비치】- 개정＊

① 본 회사의 <u>이사는</u> 정기주주총회 회일 6주간 전에 다음 서류 및 부속명세서와 영업보고서를 작성하여 이사회의 승인과 감사의 감사를 받아 정기주주총회에 제출하여야 한다.

1. 대차대조표
2. 손익계산서
3. 이익금처분계산서 또는 결손금처리계산서

② 감사는 제1항의 서류를 받은 날부터 4주 내에 감사보고서를 <u>이사</u>에게 제출하여야 한다.

③ <u>이사는</u> 제1항 각 호의 서류와 그 부속명세서를 영업보고서 및 감사보고서와 함께 정기주주총회 회일의 1주간 전부터 본사에 5년간, 그 사본을 지점에 3년간 보관하여야 한다.

④ <u>이사는</u> 제1항 각 호의 서류에 대한 주주총회의 승인을 얻은 때에는 지체 없이 대차대조표를 공고하여야 한다.

《해설》

1. 위 조항에 대해서는 비상장법인의 경우 실무에서는 특별히 문제될 것이 없으나 상법을 정확히 정리해보겠습니다.
2. 이사: 재무제표 및 그 부속명세서 → 정기총회 6주간 전에 감사에게 제출하고, 이사회의 승인을 얻어야 함 → 감사는 서류를 받은 날부터 4주 내에 감사보고서를 이사에게 제출

3. 이사는 정기주주총회 1주간 전부터 재무제표 및 부속명세서, 영업보고서, 감사보고서를 본점에 5년간, 그 사본을 지점에 3년간 비치하여야 함

4. 이사는 재무제표 및 부속명세서를 정기주주총회에 제출하여 승인을 요구, 영업보고서는 정기주주총회에서 보고하여야 함

5. 이사는 재무제표에 대하여 총회의 승인을 얻은 경우 지체 없이 대차대조표를 공고하여야 함(세법은 대차대조표 대신 재무상태표로 변경하여 사용하나 상법은 여전히 대차대조표로 표기함)

제41조【이익금의 처분】

매기 총수익금에서 총지출금을 공제한 잔액을 이익금으로 하여 이를 다음과 같이 처분한다.

1. 이익준비금	금전에 의한 이익배당금액의 10분의 1 이상
2. 별도적립금	약간
3. 주주배당금	약간
4. 임원상여금	약간
5. 임직원 퇴직위로금	약간
6. 후기이월금	약간

제41조【이익금의 처분】- 개정*

본 회사는 미처분이익금을 다음과 같이 처분한다.

1. 이익준비금   금전에 의한 이익배당금액의 10분의 1 이상

2. 별도적립금   약간

3. 주주배당금   약간

4. 후기이월금   약간

《해설》

1. 세무적으로 심각한 문제가 발생하는 항목과 해석상 오해할 소지가 많은 항목입니다. 법인세법 시행령 제43조(상여금 등의 손금불산입)에는 '법인이 그 임원 또는 직원에게 이익처분에 의하여 지급하는 상여금은 손금에 산입하지 아니한다' 라고 명시되어 있습니다. 이익처분이란 배당이며, 배당은 손금불산입 항목입니다. 그런데 회사에서는 임원에게 상여금을 지급하고 당연히 손금산입으로 처리하였을 것입니다. 위 정관의 규정에 따르면 임원에게 지급한 상여금은 배당금을 지급한 것으로 해석됩니다. 따라서 임원 상여금, 임직원 퇴직위로금과 관련해서는 정관을 개정하여 삭제하고, 별도의 임원 상여금, 임직원 퇴직위로금 지급규정을 따르도록 하는 것이 세무적으로 심각한 문제가 발생하지 않습니다.

2. 매기 이익금으로 이익준비금, 주주배당금, 임원 상여금, 임직원 퇴직위로금을 지급하도록 규정되어 있으니 당기에 발생한 당기순이익금 한도 내에서만 지급해야 하며, 당기순이익금이 초과된 금액은 손금불산입 처리될 해석상 오해의 소지가 있습니다.

제42조【이익배당】

이익배당금은 금전 또는 주식으로 하며, 매 결산기 말일 현재 주주명부에 기재된 주주 또는 질권자에게 지급한다.

제42조【이익배당 및 차등배당】- 개정＊

① 이익의 배당은 금전과 주식으로 하며, 정관으로 정한 경우 금전 외의 회사의 재산으로 배당할 수 있다.

② 이익의 배당을 주식으로 하는 경우 회사가 수 종의 주식을 발행한 때에는 주주총회의 결의로 그와 다른 종류의 주식으로도 할 수 있다.

③ 제1항의 배당은 매 결산기 말 현재의 주주명부에 기재된 주주 또는 등록질권자에게 지급한다.

④ 이익배당을 함에 있어 이익배당을 포기하거나 다른 주주보다 낮은 배당(이하 이 조에서 '차등배당'이라 한다)을 받는 주주의 동의가 있는 경우에는 상법의 이익배당 기준에도 불구하고, 주주들 간에 배당률을 달리 정할 수 있다.

⑤ 다만, 차등배당에 동의하는 주주는 주주총회에 직접 출석하여 차등배당 동의에 대한 본인의 의사표시를 하여야 하며, 이를 증빙하기 위하여 의사록에 서명 또는 날인하여야 한다.

《해설》

1. 배당은 금전(현금)과 주식으로만 하도록 되어 있었으나 상법을 개정해서 정관으로 정한 경우 금전과 주식 이외의 회사 재산으로도 배당할 수 있도록 하였습니다.

2. 이와 관련해 차등배당(초과배당)에 대해서도 짚고 넘어가겠습니다. 정관에 차등배당(세법에서는 '초과배당'이라 한다) 규정을 삽입하는 이유는 주주평등의 원칙에 위배되므로 우리나라 상법 어디에서도 차등배당을 인정하지 않기 때문입니다.

관련법에 없는 내용이므로 회사 자치규약인 정관에서라도 정해야 합니다. 법인현장에서 차등배당의 실행은 대법원 판례를 기준으로 삼아 관련 서류와 절차로 진행하는 것이 가장 안전합니다.

제42조의 2 【중간배당】- 신설 *

① 본 회사는 사업연도 중 1회에 한하여 이사회의 결의로 일정한 날을 정하여 그날의 주주에 대하여 이익을 배당(이하 이 조에서 "중간배당"이라 한다)할 수 있다.(다만, 이사회가 구성되지 않은 경우 주주총회에서 결의할 수 있다.)

② 중간배당은 직전 결산기의 대차대조표상의 순자산액에서 다음 각 호의 금액을 공제한 액을 한도로 한다.

1. 직전 결산기의 자본금의 액

2. 직전 결산기까지 적립된 자본준비금과 이익준비금의 합계액

3. 직전 결산기의 정기총회에서 이익으로 배당하거나 또는 지급하기로 정한 금액

4. 중간배당에 따라 당해 결산기에 적립하여야 할 이익준비금

③ 본 회사는 당해 결산기의 대차대조표상의 순자산액이 제2항 각 호의 금액의 합계액에 미치지 못할 우려가 있는 때에는 중간배당을 하여서는 아니 된다.

④ 당해 결산기 대차대조표상의 순자산액이 제2항 각 호의 금액의

합계액에 미치지 못함에도 불구하고 중간배당을 한 경우 이사는 회사에 대하여 연대하여 그 차액(배당액이 그 차액보다 적을 경우에는 배당액)을 배상할 책임이 있다. 다만, 이사가 제3항의 우려가 없다고 판단함에 있어 주의를 게을리하지 아니하였음을 증명한 때에는 그러하지 아니하다.

《해설》

1. 관련법에 따르면 12월 말 결산법인의 경우 결산일 다음 날부터 3개월 이내에 정기주주총회를 열어 결산승인보고 및 배당(정기배당금)을 결의하여 1개월 이내에 배당금을 지급하도록 되어 있습니다. 그러나 정기주주총회에서 배당결의를 하지 않은 경우 같은 회계기간 내에서는 배당금을 지급할 수 없습니다.

2. 하지만 정관에 '중간배당' 규정이 있는 법인의 경우 1년에 한 번 더 회사가 원하는 일정한 날에 배당을 결의할 수 있습니다. 따라서 중간배당 규정은 반드시 정관에 규정이 있는 경우에 한해서 실행할 수 있습니다.

3. 정기배당과 중간배당의 차이점은 정기배당은 주주총회 결의사항이고, 중간배당은 이사회 결의사항이라는 것입니다.

4. 또한, 상법규정상 정기배당에서는 차등배당을 결의할 수 있으나 중간배당에서는 차등배당을 결의할 수 없습니다. 중간배당에서 차등배당을 희망하는 법인은 법인 상황을 고려하여 대법원 판례를 기준으로 관련 서류를 작성하고 지급해야 세법적으로 문제가 발생하지 않습니다.

제42조의 3 【현물배당】- 신설*

① 본 회사는 이익배당 및 중간배당을 할 때 금전과 주식 외의 고정자산, 재고자산 등 회사의 재산으로도 배당할 수 있다.

② 제1항에 따라 현물배당을 할 때는 상법의 현물배당 규정을 준용한다.

《해설》

2011년 4월 14일(2012. 4. 15 시행) 상법이 개정되어 현물로도 배당할 수 있도록 하였습니다. 다만, 현물배당은 정관에 규정이 있는 경우에 한하여 실행할 수 있기 때문에 반드시 정관에 포함시켜야 합니다.

제43조【배당금지급청구권의 소멸시효】

① 배당금의 지급청구권은 3년간 이를 행사하지 아니하면 시효로 소멸한다.

② 제1항의 시효의 완성으로 인한 배당금은 회사에 귀속한다.

제43조【배당금지급청구권의 소멸시효】- 개정＊

① 배당금의 지급청구권은 5년간 이를 행사하지 아니하면 소멸시효가 완성된다.

② 제1항의 시효의 완성으로 인한 배당금은 회사에 귀속한다.

《해설》

1. 배당결의는 모든 주주의 참석 유무에 관계없이 할 수 있습니다. 또한 상법규정은 결의 후 1개월 이내에 지급하도록 하였습니다. 그러나 여러 가지 사정으로 배당금을 1개월 이내에 수령하지 않은 주주가 있을 수 있으며, 법인은 미지급배당금

으로 회계처리를 할 것입니다. 정관규정대로 3년간 배당금을 수령하지 않으면 법인에 귀속시켜 법인세도 납부합니다.

2. 그러나 4년이 지난 시점에서 주주가 미지급배당금을 요구하는 경우 안타깝지만 법인은 배당금을 지급해야 할 의무가 있습니다. 회사 자치규약인 정관에 아무리 3년으로 되어 있어도 상위법인 상법에 5년간으로 되어 있기 때문에 상위법을 준용해야 하는 것입니다.

3. 이처럼 법인 업무가 편하도록 또는 유리하도록 정관을 작성한다 할지라도 상위법에 우선할 수는 없기 때문에 법률을 그대로 적용하는 것이 좋습니다.

부칙

제44조【최초의 영업연도】

본 회사의 제1기 영업연도는 본 회사의 설립일로부터 동년 12월 31일 까지로 한다.

제45조【발기인의 성명과 주소】

본 회사 발기인의 성명과 주소는 이 정관 말미의 기재와 같다.

《해설》
원시정관(최초 정관)인 경우에는 발기인 성명, 주민등록번호, 주소 등이 모두 기재 되어 있어야 하지만 한 번이라도 개정한 정관은 발기인이 없어도 관계없기 때문에 이 조항은 삭제합니다.

위 주식회사를 설립하기 위하여 본 정관을 작성하다.

2005년 1월 12일(또는 최종 정관개정일)

에덴동산 주식회사

서울특별시 강남구 강남대로100길, 100층(역삼동, 좋은빌딩)

사내이사 홍길동

《해설》

1. 작성날짜는 회사설립일 또는 최종 정관개정일 두 가지를 사용해도 관계없습니다. 회사설립일을 기재하는 경우 아래의 부칙에 정관을 개정한 날짜를 순서에 따라 기재하여 언제 정관이 개정되었는지를 표시할 필요가 있으며, 최종 정관개정일을 기재하는 경우 개정된 날짜들은 기재하지 않아도 무방합니다.

2. 회사주소는 도로명으로 기재하여야 하며, 법인등기부등본의 주소와 일치해야 합니다. 등기부등본의 회사 주소가 도로명으로 수정되어 있지 않더라도 도로명으로 기재합니다.

3. 대표이사 성명 기재란에는 1인 이사인 법인은 '사내이사'로, 2인 이상인 법인은 '대표이사'로 적어야 합니다.

발기인 홍길동(991332-1111111)

서울특별시 강남구 강남대로100길, 100층(역삼동, 좋은빌딩)

《해설》

1. 원시정관에는 이처럼 발기인의 성명, 주민등록번호, 주소가 모두 기재되어 있으며 이 또한 기밀사항에 해당합니다. 따라서 정관은 최초 설립 시 표준정관으로 법원에 신고하고 등기 이후 주주총회에서 개정하는 것이 좋습니다.

2. 한 번이라도 변경한 정관은 발기인을 의무적으로 기재할 필요가 없기 때문에 외부로 내보내도 큰 부담이 없습니다.

(시행일)

이 규정은 2005년 01월 12일부터 시행한다.

(시행일)

이 규정은 2011년 12월 01일부터 시행한다.

(시행일)

이 규정은 2015년 12월 01일부터 시행한다.

(시행일)

이 규정은 2017년 03월 30일부터 시행한다.

(시행일)

이 규정은 ○○○○년 ○○월 ○○일부터 시행한다.

《해설》

정관을 개정할 때마다 시행일을 계속 기재하여야 하며, 정관표지의 날짜와 일치해야 합니다.

06. 정관개정 신·구조문 대조표

정관개정은 주주총회 결의사항입니다. 정관을 1개조만 개정하거나 간단한 내용을 개정한 경우 주주총회 의사록에 (개정 전 정관내용) (개정 후 정관내용)으로 표시하여 작성하면 문제될 것이 없습니다.

그러나 정관개정은

① 순서와 제목의 변경 없이 내용만 변경되는 경우

② 순서는 변동이 없으나 제목이 변경되는 경우

③ 제목은 변동 없이 순서가 변경되는 경우

④ 정관에 없었던 내용이 새롭게 신설되는 경우

⑤ 정관에 있던 내용이 삭제되는 경우

⑥ 특정한 규정만이 아니라 개정내용이 많은 경우

이렇게 다양하게 개정된 사항을 문서로 어떻게 작성해야 하는지가 실무자들의 고민입니다. 또 개정 내용을 반영하여 정관을 새롭게 작성하려면 신설되고 삭제된 내용들의 순서를 어떻게 정리해야 하는지 역시 고민거리입니다. 이런 고민을 해결하려고 실무에서 사용하는 서류가 '정관개정 신·구조문 대조표'입니다. 앞에서 정관 샘플을 들어 설명한 정관 내용 중 개정된 부분에 대한 '정관개정 신·구조문 대조표'를 설명하겠습니다.

신·구조문 대조표

정관개정(안)	
개정 전 규정	개정 후 규정
제3조 【본점 및 지점의 소재지】 본 회사의 본점은 서울특별시내에 둔다. 본 회사는 필요에 따라 이사의 결정에 의하여 국내외에 지점, 출장소를 둘 수 있다.	**제3조 【본점 및 지점의 소재지】** 본 회사의 본점은 서울특별시내에 둔다. 본 회사는 필요에 따라 이사회의 결의에 의하여 국내외에 지점, 출장소를 둘 수 있다.
제10조 【신주인수권】 ① 주주는 그가 소유한 주식의 수에 비례하여 신주의 배정을 받을 권리를 갖는다. ② 회사는 제1항 규정에 불구하고 다음 각 호의 경우에는 주주 외의 자에게 신주를 배정할 수 있다. 1. 증권거래법 제189조의3의 규정에 의하여 이사회의 결의로 일반공모증자 방식으로 신주를 발행하는 경우 2. 증권거래법 제189조의4의 규정에 의하여 주식매수선택권의 행	**제10조 【신주인수권】** ① 주주는 그가 소유한 주식의 수에 비례하여 신주의 배정을 받을 권리를 갖는다. ② 회사는 제1항 규정에 불구하고 다음 각 호의 경우에는 주주 외의 자에게 신주를 배정할 수 있다. 1. 자본시장과 금융투자업에 관한 법률 규정에 따라 일반공모증자 방식으로 신주를 발행하는 경우 2. 상법 규정에 따라 주식매수선택권의 행사로 인하여 신주를 발행하는 경우

사로 인하여 신주를 발행하는
경우

3. 증권거래법 제191조의7의 규정
에 의하여 우리사주조합원에게
신주를 우선배정하는 경우

4. 상법 제418조 제2항의 규정에
따라 신기술의 도입, 재무구조
개선 등 회사의 경영상 목적을
달성하기 위하여 필요한 경우

5. 증권거래법 제192조의 규정에
의하여 주식예탁증서(DR) 발행
에 따라 신주를 발행하는 경우

6. 외국인 투자촉진법에 의한 외국
인 투자를 위하여 신주를 발행
하는 경우

7. 중소기업창업지원법에 의한 중
소기업창업투자회사에게 신주
를 발행하는 경우

8. 회사가 긴급한 자금조달 등 경
영상 필요로 국내외 금융기관
또는 법인에게 신주를 발행하는
경우

③ 주주가 신주인수권을 포기 또
는 상실하거나 신주배정에서

3. 자본시장과 금융투자업에 관한
법률 규정에 따라 우리사주조합
원에게 신주를 우선 배정하는
경우

4. 신기술의 도입, 재무구조개선
등 회사의 경영상 목적을 달성
하기 위하여 필요한 경우

5. 주식예탁증서(DR) 발행에 따라
신주를 발행하는 경우

6. 외국인 투자촉진법에 의한 외국
인 투자를 위하여 신주를 발행
하는 경우

7. 중소기업창업지원법에 의한 중
소기업창업투자회사에게 신주
를 발행하는 경우

8. 회사가 긴급한 자금조달 등 경
영상 필요로 국내외 금융기관
또는 법인에게 신주를 발행하는
경우

③ 주주가 신주인수권을 포기 또
는 상실하거나 신주배정에서
단주가 발행하는 경우에 그 처
리 방법은 이사회의 결의로 정
한다.

단주가 발행하는 경우에 그 처리 방법은 이사가 정한다.	
제15조 【수수료】 제11조 내지 제12조에서 정하는 청구를 하는 자는 본 회사가 정하는 수수료를 납부하여야 한다.	**제15조 【수수료】** 주권의 명의개서 내지 주권의 재발행을 청구하는 자는 본 회사가 정하는 수수료를 납부하여야 한다.
제17조 【주주명부의 폐쇄 및 기준일】 본 회사는 매 결산기 종료일부터 그 결산에 관한 정기주주총회 종결일까지 주주명부 기재변경을 정지한다.	**제17조 【주주명부의 폐쇄 및 기준일】** ① 본 회사는 매 결산기 종료일 익일부터 그 결산에 관한 정기 주주총회 종결일까지 권리에 관한 주주명부의 기재변경을 정지한다. ② 본 회사는 매년 12월 31일 최종의 주주명부에 기재되어 있는 주주를 그 결산기에 관한 정기주주총회에서 권리를 행사할 주주로 한다.
〈신설〉	**제17조의 2 【자기주식의 취득】** ① 본 회사는 주주총회의 결의로 다음의 방법에 따라 자기의 명의와 계산으로 자기주식을 취득할 수 있다.

1. 거래소에서 시세가 있는 주식의 경우에는 거래소에서 취득하는 방법

2. 주식의 상환에 관한 종류주식의 경우 외에 각 주주가 가진 주식 수에 따라 균등한 조건으로 아래의 방법으로 취득하는 것

가. 회사가 모든 주주에게 자기주식 취득의 통지 또는 공고를 하여 주식을 취득하는 방법

나. 자본시장과 금융투자업에 관한 법률 규정에 따른 공개매수의 방법

② 자기주식을 취득한 회사는 지체 없이 취득내용을 적은 자기주식 취득내역서를 본점에 6개월간 갖추어두어야 한다.

③ 자기주식 취득가액의 총액은 직전 결산기의 대차대조표상의 순자산액에서 다음 각 호의 금액을 뺀 금액을 초과하지 못한다. 회사는 해당 영업연도의 결산기에 대차대조표상의 순자산이 다음 각 호의 금액의 합계액

에 미치지 못할 우려가 있는 경우에는 자기주식의 취득을 하여서는 아니 된다. 그럼에도 불구하고 자기주식을 취득한 경우에는 이사는 회사에 연대하여 부족한 금액을 배상할 책임을 진다. 다만, 이사가 위와 같은 우려가 없다고 판단하는 때에 주의를 게을리하지 아니하였음을 증명한 경우는 그러하지 아니하다.

1. 자본금의 액
2. 그 결산기까지 적립된 자본준비금과 이익준비금의 합계액
3. 상법시행령에서 정하는 미실현이익
4. 직전 결산기의 정기총회에서 이익으로 배당하거나 지급하기로 정한 금액
5. 중간배당에 따라 당해 결산기에 적립하여야 할 이익준비금
④ 회사는 자기주식을 취득하기 위하여 미리 주주총회의 결의로 다음의 사항을 결정하여야 한다.

	1. 취득할 수 있는 주식의 종류 및 수 2. 취득가액의 총액의 한도 3. 1년을 초과하지 아니하는 범위에서 자기주식을 취득할 수 있는 기간
〈신설〉	**제17조의 3 【자기주식 취득의 방법】** ① 회사가 상법의 방법으로 자기주식을 취득하는 경우에는 이사회 결의로 다음 각 항목의 사항을 정하고 주식취득의 조건은 균등하게 정하여야 한다. 1. 자기주식 취득의 목적 2. 취득할 주식의 종류 및 수 3. 주식 1주를 취득하는 대가로 교부할 금전이나 그밖의 재산의 내용 및 그 산정 방법 4. 주식 취득의 대가로 교부할 금전 등의 총액 5. 20일 이상 60일 내의 범위에서 주식양도를 신청할 수 있는 기간 6. 양도신청기간이 끝나는 날부터 1개월의 범위에서 양도의 대가로 금전 등을 교부하는 시기와

그밖에 주식취득의 조건

② 회사는 양도신청기간이 시작하는 날의 2주 전까지 각 주주에게 회사의 재무현황, 자기주식 보유 현황 및 제1항의 사항을 서면 또는 각 주주의 동의를 받아 전자문서로 통지하여야 한다. 다만, 무기명식의 주권을 발행한 경우에는 3주 전에 공고하여야 한다.

③ 주식을 양도하려는 주주는 양도신청기간이 끝나는 날까지 양도하려는 주식의 종류와 수를 적은 서면으로 회사에 신청하여야 한다.

④ 회사와 그 주주 사이의 주식 취득을 위한 계약 성립의 시기는 양도신청기간이 끝나는 날로 정하고, 각 주주가 신청한 주식의 총수가 회사가 취득할 주식의 총수를 초과하는 경우에는 안분계산하여 정하며 끝수는 버린다.

〈신설〉	**제17조의 4 【자기주식 취득의 처분】** 회사가 보유하는 자기 주식을 처분하는 경우에 다음 각 호의 사항으로서 이사회가 결정하여 처분한다. 1. 처분할 주식의 종류와 수 2. 처분할 주식의 처분가액과 납입기일 3. 주식을 처분할 상대방 및 처분방법
제18조 【사채의 발행】 본 회사는 최종의 대차대조표에 의하여 회사에 현존하는 순자산총액의 4배를 초과하지 않는 범위 내에서 이사회의 결정에 의하여 주주 및 주주 외의 자에게 사채, 전환사채, 신주인수권부사채 및 교환사채를 발행할 수 있다.	**제18조 【사채의 발행】** 본 회사는 이사회의 결의로 주주 및 주주 외의 자에게 사채, 전환사채, 신주인수권부사채 및 교환사채를 발행할 수 있다.
〈신설〉	**제20조의 2 【교환사채의 발행】** ① 본 회사는 이사회의 결의로 교환사채를 발행할 수 있다. ② 교환사채의 발행액, 교환을 행사할 수 있는 기간은 이사회의

	결의로 정한다. ③ 교환사채는 본 회사의 보통주식과 교환한다.
제21조【사채발행에 관한 준용규정】 제16조 및 제17조의 규정은 사채발행의 경우에 준용한다.	**제21조【사채발행에 관한 준용규정】** 이 정관에서 정한 주주 등의 주소, 성명 및 인감 또는 서명 등 신고, 주주명부 폐쇄 및 기준일 규정은 사채발행의 경우에 준용한다.
제22조【정기총회와 임시총회】 정기주주총회는 매 사업연도 종결 후 1월 이내에 이를 소집하고, 임시주주총회는 필요한 경우에 수시로 이를 소집할 수 있다.	**제22조【소집시기】** ① 본 회사의 정기주주총회는 영업연도 말일의 다음 날부터 3개월 이내에 소집하고 임시주주총회는 필요한 경우에 수시로 소집한다. ② 총회의 소집은 법령에 다른 규정이 있는 경우를 제외하고는 이사회의 결의에 의하여 대표이사가 소집한다. ③ 대표이사의 유고 시는 이 정관이 정한 직무대행자 순으로 소집한다.

제23조【소집통지】

① 주주총회를 소집함에는 그 일시, 장소 및 회의 목적 사항을 기명주주에게는 총회일 10일 전에, 무기명주주에게는 총회일 2주 전에 서면으로 통지서를 발송하거나 각 주주의 동의를 받아 전자문서로 통지를 발송하여야 한다. 다만, 이 기간은 총회 전에 모든 주주의 서면, 전신 또는 전자문서에 의한 동의로 단축할 수 있다. 단, 주주의 동의가 있는 때에는 소집절차 없이 주주총회를 개최할 수 있다.

② 의결권 있는 발행주식 총수의 100분의 1 이하의 주식을 소유한 주주에 대한 소집통지는 2주간 전에 주주총회를 소집한다는 뜻과 회의의 목적 사항을 등기된 공고방법에 따라 2회 이상 공고함으로써 서면에 의한 소집통지에 갈음할 수 있다.

제23조【소집통지 및 공고】

① 주주총회를 소집함에는 그 일시, 장소 및 회의 목적사항을 주주총회일 2주 전에 각 주주에게 서면으로 통지를 발송하거나 각 주주의 동의를 받아 전자문서로 통지를 발송하여야 한다.

② 제1항에도 불구하고 **자본금 총액이 10억 원 미만인 회사가** 주주총회를 소집하는 경우에는 주주총회일의 10일 전에 각 주주에게 서면으로 통지를 발송하거나 각 주주의 동의를 받아 전자문서로 통지를 발송할 수 있다

③ **자본금 총액이 10억 원 미만인 회사는 주주 전원의 동의**가 있을 경우에는 소집절차 없이 주주총회를 개최할 수 있다.

④ 의결권 있는 발행주식 총수의 100분의 1 이하의 주식을 소유한 주주에 대한 소집통지는 2주간 전에 주주총회를 소집한다는 뜻과 회의의 목적 사항을 등기된 공고방법에 따라 2회 이

	상 공고함으로써 서면에 의한 소집통지에 갈음할 수 있다.
〈신설〉	**제23조의 2【소집지】** 주주총회는 본점 소재지에서 개최하되 필요에 따라 이의 인접지역에서도 개최할 수 있다.
〈신설〉	**제24조의 2【의장의 질서유지권】** ① 주주총회의 의장은 그 주주총회에서 고의로 의사진행을 방해하기 위한 언행을 하거나 질서를 문란하게 하는 자에 대하여 그 발언의 정지, 취소 또는 퇴장을 명할 수 있으며, 그 명을 받은 자는 이에 응하여야 한다. ② 주주총회의 의장은 의사진행의 원활을 기하기 위하여 필요하다고 인정할 때에는 주주의 발언 시간 및 횟수를 제한할 수 있다.
제25조【주주총회의 결의】 주주총회의 결의는 법령 또는 정관에 다른 정함이 있는 경우를 제외하고는 출석한 주주의 의결권의	**제25조【주주총회의 결의】-약식 개정** ① 주주총회의 결의는 법령 또는 정관에 다른 정함이 있는 경우를 제외하고는 출석한 주주의

과반수로 하되 발행주식 총수의 4분의 1 이상의 수로 하여야 한다.

의결권의 과반수로 하되 발행주식 총수의 4분의 1 이상의 수로 하여야 한다.

② 자본금 10억 원 미만인 경우 주주총회를 열지 않고 서면에 의한 결의로써 주주총회의 결의를 갈음할 수 있고, 결의의 목적 사항에 대하여 주주 전원이 서면으로 동의를 한 때에는 서면에 의한 결의가 있는 것으로 본다.

제25조【주주총회의 결의】-일반결의, 특별결의 구분 개정

① 주주총회의 결의는 이 법 또는 정관에 다른 정함이 있는 경우를 제외하고는 출석한 주주의 의결권의 과반수와 발행주식 총수의 4분의 1 이상의 수로써 하여야 한다.

② 법률 및 정관에 다른 정함이 있는 경우를 제외하고는 다음의 경우는 출석주식 총수의 과반수의 찬성으로 한다.

1. 이익배당
2. 이사 및 감사의 급여, 상여금 기타보수 및 퇴직금의 결정
3. 상법 재무제표 및 영업보고서의 승인
4. 이사, 감사의 선임
5. 기타 법률의 규정에 의하여 주주총회의 의결을 요하는 사항 및 이사회에서 요구하는 사항
③ 다음 사항은 출석한 주주의 의결권의 3분의 2 이상의 수와 발행주식 총수의 3분의 1 이상의 수로써 하여야 한다.
1. 정관변경
2. 수권자본의 증가
3. 회사의 합병, 분할, 분할합병, 해산, 청산 또는 회사정리법에 따른 회사정리
4. 본 회사의 영업 및 자산의 전부 또는 2분의 1 이상의 양도, 또는 다른 회사의 영업 및 자산의 전부 또는 2분의 1 이상의 양수
5. 이사, 감사 및 청산인의 해임
6. 자본금의 감소

	7. 주식매수선택권을 부여받을 자의 성명, 주식매수선택권의 부여방법, 주식매수선택권의 행사가격 및 행사기간, 주식매수선택권을 부여받을 자 각각에 대하여 주식매수선택권의 행사로 교부할 주식의 종류 및 수 8. 기타 법령의 규정에 의한 경우
제28조【이사와 감사의 수】 본 회사의 이사는 1인 이상으로 하며 이사회를 구성하지 아니한다. 감사는 1인 이상으로 한다.	제28조【이사와 감사의 수】 ① 본 회사의 이사는 3명 이상, 감사는 1명 이상으로 한다. ② 다만, 자본금 총액이 10억 원 미만인 경우에는 이사를 1명 또는 2명으로 할 수 있으며, 감사를 선임하지 않을 수 있다. ③ 1인 이사인 경우에는 이 정관의 대표이사의 권한과 의무는 1인 이사가 대행한다. ④ 이사회가 구성되지 않은 경우와 감사가 선임되지 않은 경우에는 이사회 권한과 감사의 직무를 주주총회가 대행한다.

제29조【이사 및 감사의 선임】

본 회사의 이사 및 감사는 제25조의 결의방법에 의하여 선임한다. 그러나 감사의 선임에 있어서 의결권 없는 주식을 제외한 발행주식 총수의 100분의 3을 초과하는 수의 주식을 가진 주주는 그 초과하는 주식에 관하여 의결권을 행사하지 못한다.

제29조【이사 및 감사의 선임】

① 이사와 감사는 주주총회에서 선임한다.

② 이사와 감사의 선임은 출석한 주주의 의결권의 과반수로 하되 발행주식 총수의 4분의 1 이상의 수로 하여야 한다. 그러나 감사의 선임에 있어서 의결권 없는 주식을 제외한 발행주식 총수의 100분의 3을 초과하는 수의 주식을 가진 주주는 그 초과하는 주식에 관하여 의결권을 행사하지 못한다.

제31조【보선】

이사와 감사에 결원이 생긴 경우에는 임시주주총회에서 그를 보선한다. 그러나 법정원수를 결하지 아니하고 업무수행상 지장이 없는 경우에는 그러하지 아니한다. 보결 또는 증원에 의하여 선임된 이사 및 감사의 임기는 현재 임원의 나머지 기간으로 한다.

제31조【이사 및 감사의 보선】

① 이사 및 감사에 결원이 생긴 때에는 주주총회에서 이를 선임한다. 그러나 법정원수를 결하지 아니하고 업무수행상 지장이 없는 경우에는 그러하지 아니한다.

② 보결 또는 증원에 의하여 선임된 이사및 감사의 임기는 취임한 날로부터 기산한다.

제32조 【대표이사】	제32조 【대표이사 등의 선임】
① 본 회사는 이사회의 결의로 1인 또는 수 인의 대표이사를 선임할 수 있다.	① 본 회사는 이사회의 결의로 1인 또는 수 인의 대표이사를 선임할 수 있다.
② 본 회사는 이사회의 결의로 전무이사, 상무이사를 선임할 수 있다.	② **본 회사는 이사회의 결의로 이사 중에서 회장, 부회장, 사장, 부사장, 전무, 상무 등의 직책을 부여할 수 있다.**
③ 대표이사가 수 명일 때는 각자 회사를 대표하되 이사회의 결의로 공동대표 규정을 정할 수 있다.	③ 대표이사가 수 명일 때는 각자 회사를 대표하되 이사회의 결의로 공동대표 규정을 정할 수 있다.
〈신설〉	제32조의 2 【이사의 직무】 ① 대표이사는 회사를 대표하고 업무를 총괄한다. ② 전무이사, 상무이사 및 이사는 대표이사를 보좌하고 이사회에서 정하는 바에 따라 본 회사의 업무를 분장, 집행하며 대표이사 유고 시에는 위 순서대로 업무를 대행한다.

	제32조의 3 【감사의 직무】
	① 감사는 본 회사의 회계와 업무를 감사한다.
	② 감사는 이사회에 출석하여 의견을 진술할 수 있으며, 이사가 법령 또는 정관에 위반한 행위를 하거나 그 행위를 할 염려가 있다고 인정한 때에는 이사회에 이를 보고하여야 한다.
〈신설〉	③ 감사는 회의의 목적 사항과 소집의 이유를 기재한 서면을 이사회에 제출하여 임시총회의 소집을 청구할 수 있다.
	④ 감사는 감사에 관하여 감사록을 작성하여야 한다.
제33조 【임원의 보수와 퇴직금】 임원의 보수 또는 퇴직한 임원의 퇴직금은 다음과 같다. ① 목적 이 규정은 회사 임원의 보수 및 퇴직금 지급에 관한 사항을 정함을 목적으로 한다. ② 적용범위	**제33조 【임원의 보수 · 퇴직금 · 퇴직위로금 · 유족 · 장해보상금】** ① 임원의 보수는 주주총회의 결의를 거친 임원 보수 지급규정에 의한다. ② 임원의 퇴직금은 주주총회의 결의를 거친 임원퇴직금 지급규정에 의한다.

1) 이 규정은 이사 이상의 임원에 대하여 적용한다.
2) 임원에 준하는 대우를 받더라도 별도의 계약에 의하여 근무하는 자는 그 별도의 계약에 의한다.

③ 주관부서

임원의 보수 및 퇴직금 지급에 관한 업무의 주관부서는 본사 인사부로 한다.

④ 보수 및 퇴직금의 산정

1) 임원의 보수는 직위별로 아래의 한도를 기준으로 지급한다.
2) 임원의 퇴직금 산정은 [평균임금(기본금+상여금)×재임연수×지급률]로 한다.

직위	보수한도 (연간기준)	퇴직금	
		지급기준	지급률
대표이사	5.0억 원	재임연수 1년	5개월분
전무이사	4.5억 원	재임연수 1년	1개월분
상무이사	4.0억 원	재임연수 1년	1개월분
상근이사	3.5억 원	재임연수 1년	1개월분
상임이사	3.0억 원	재임연수 1년	1개월분

③ 임원의 퇴직위로금은 주주총회의 결의를 거친 임원 퇴직위로금 지급규정에 의한다.
④ 임원의 유족·장해보상금은 주주총회의 결의를 거친 임원 유족·장해보상금 지급규정에 의한다.

⑤ 재임연수의 계산

1) 재임기간은 선임일자로부터 실 근무 종료일까지로 한다.

2) 1년 미만의 기간은 월할 계산하고 1개월 미만의 기간은 1개월로 계산한다.

3) 재임기간이 1년 미만이라도 월할 계산한다.

⑥ 연임임원에 대한 계산

임원이 각 직위를 연임하였을 경우에는 퇴직 당시 평균임금(기본금+상여금)을 기준으로 직위별 지급률에 해당 직위의 재임기간을 곱한 금액을 합산하여 지급한다.

⑦ 특별위로금

회사에 특별한 공로가 있는 임원이 퇴임할 경우에는 이사회의 결의를 얻어 퇴직금과는 별도로 퇴직금의 50% 범위 내에서 특별위로금을 지급할 수 있다.

⑧ 퇴임월의 급여 및 퇴직금 중간 정산제도

퇴임당월의 급여는 근무일수에 관계없이 해당 월 급여전액을 지급

한다. 또한 퇴직금은 중간정산할 수 있으며, 이는 주주총회의 결의로 승인하여 정산하도록 한다.	
〈신설〉	**제33조의 2 【이사·감사의 회사에 대한 책임의 감면】** ① 이사 또는 감사가 고의 또는 과실로 법령 또는 정관에 위반한 행위를 하거나 그 임무를 게을리한 경우에는 그 이사 또는 감사는 회사에 대하여 연대하여 손해를 배상할 책임이 있다. ② 제1항에 따른 이사 또는 감사의 책임은 주주 전원의 동의로 면제할 수 있다. ③ 제1항에 따른 이사 또는 감사의 책임은 이사 또는 감사가 그 행위를 한 날 이전 최근 1년간의 보수액(상여금과 주식매수선택권의 행사로 인한 이익 등을 포함)의 6배(사외이사일 경우 3배)를 초과하는 금액에 대하여 면제할 수 있다. ④ 이사 또는 감사가 고의 또는 중

	대한 과실로 회사에 손해를 발생시킨 경우에는 회사에 대한 책임의 면제 및 감면을 적용하지 않는다.
〈신설〉	제33조의 3 【비상근 임원, 고문, 상담역】 ① 본 회사는 주주총회의 결의로 비상근 임원, 상담역 또는 고문 약간 명을 둘 수 있다. ② 상근하지 아니하는 임원 및 상담역이나 고문은 등기하지 아니한다.
제34조 【이사회】 본 회사의 이사는 이사회를 조직하여 매월 최초의 월요일에 정기 이사회를 개최함을 원칙으로 하고, 필요에 따라 수시로 임시이사회를 개최할 수 있다.	제34조 【이사회】 ① 본 회사의 이사는 이사회를 조직하여 회사업무의 중요사항을 결의한다. ② 이사회는 필요에 따라 수시로 이를 소집한다.

제35조【이사회의 소집】 이사회는 대표이사 또는 이사회에서 따로 정한 이사가 있는 때는 그 이사가 회일의 2주일 전에 이사 및 감사에 통지하여 소집한다. 그러나 이사 및 감사의 동의가 있는 때에는 소집절차를 생략할 수 있다.	**제35조【이사회의 소집】** 이사회는 대표이사 또는 이사회에서 따로 정한 이사가 있는 때에는 그 이사가 회일 **일주일 전에** 각 이사 및 감사에게 통지하여 소집한다. 그러나 이사 및 감사 **전원의** 동의가 있는 때에는 소집절차를 생략할 수 있다.
제36조【이사회의 의장】 대표이사가 이사회의 의장이 된다. 다만 대표이사의 유고 중에는 제24조에 정한 순서에 따라 다른 이사가 의장의 직무를 대행한다.	**제36조【이사회의 의장】** 대표이사가 이사회의 의장이 된다. 다만 대표이사의 유고 시에는 **전무이사, 상무이사 및 다른 이사의 순서에 따라** 의장의 직무를 대행한다.
제37조【이사회의 결의방법】 이사회의 결의는 이사 전원의 참석과 과반수 이상의 찬성으로 하고 가부동수인 때에는 의장이 결정권을 갖는다.	**제37조【이사회의 결의방법】** ① 이사회의 결의는 이사 과반수의 출석과 출석이사의 과반수의 찬성으로 한다. ② 이사회의 결의에 관하여 특별한 이해관계가 있는 자는 의결권을 행사하지 못한다.

제40조 【재무제표와 영업보고서의 작성비치】	제40조 【재무제표와 영업보고서의 작성비치】
① 본 회사의 사장은 정기주주총회 회일 6주간 전에 다음 서류 및 부속명세서와 영업보고서를 작성하여 이사회의 승인과 감사의 감사를 받아 정기주주총회에 제출하여야 한다. 1. 대차대조표 2. 손익계산서 3. 이익금처분계산서 또는 결손금처리계산서 ② 감사는 정기주주총회일의 1주 전까지 감사보고서를 작성하여 사장에게 제출하여야 한다. ③ 사장은 제1항 각 호의 서류와 그 부속명세서를 영업보고서 및 감사보고서와 함께 정기주주총회 회일의 1주간 전부터 본사에 5년간, 그 사본을 지점에 3년간 보관하여야 한다. ④ 사장은 제1항 각 호의 서류에 대한 주주총회의 승인을 얻은 때에는 지체없이 대차대조표를 공고하여 한다.	① 본 회사의 이사는 정기주주총회 회일 6주간 전에 다음 서류 및 부속명세서와 영업보고서를 작성하여 이사회의 승인과 감사의 감사를 받아 정기주주총회에 제출하여야 한다. 1. 대차대조표 2. 손익계산서 3. 이익금처분계산서 또는 결손금처리계산서 ② 감사는 제1항의 서류를 받은 날부터 4주 내에 감사보고서를 이사에게 제출하여야 한다. ③ 이사는 제1항 각 호의 서류와 그 부속명세서를 영업보고서 및 감사보고서와 함께 정기주주총회 회일의 1주간 전부터 본사에 5년간, 그 사본을 지점에 3년간 보관하여야 한다. ④ 이사는 제1항 각 호의 서류에 대한 주주총회의 승인을 얻은 때에는 지체 없이 대차대조표를 공고하여야 한다.

제41조【이익금의 처분】

매기 총수익금에서 총지출금을 공제한 잔액을 이익금으로 하여 이를 다음과 같이 처분한다.

1. 이익준비금　　　금전에 의한 이익배당금액의 10분의 1 이상
2. 별도적립금　　　약간
3. 주주배당금　　　약간
4. 임원 상여금　　　약간
5. 임직원 퇴직위로금　약간
6. 후기이월금　　　약간

제42조【이익배당】

이익배당금은 금전 또는 주식으로 하며, 매 결산기 말일 현재 주주명부에 기재된 주주 또는 질권자에게 지급한다.

제41조【이익금의 처분】

본 회사는 미처분이익금을 다음과 같이 처분한다.

1. 이익준비금　　　금전에 의한 이익배당금액의 10분의 1 이상
2. 별도적립금　　　약간
3. 주주배당금　　　약간
4. 〈삭제. ○○○○년 ○○월 ○○일〉
5. 〈삭제. ○○○○년 ○○월 ○○일〉
6. 후기이월금　약간

제42조【이익배당 및 차등배당】

① 이익의 배당은 금전과 주식으로 하며, 정관으로 정한 경우 금전 외의 회사의 재산으로 배당할 수 있다.

② 이익의 배당을 주식으로 하는 경우 회사가 수종의 주식을 발행한 때에는 주주총회의 결의로 그와 다른 종류의 주식으로도 할 수 있다.

③ 제1항의 배당은 매 결산기 말 현재의 주주명부에 기재된 주

	주 또는 등록질권자에게 지급한다. ④ 이익배당을 함에 있어 이익배당을 포기하거나 다른 주주보다 낮은 배당(이하 이 조에서 '차등배당'이라 한다)을 받는 주주의 동의가 있는 경우에는 상법 제464조에도 불구하고, 주주들 간에 배당률을 달리 정할 수 있다. ⑤ 다만, 차등배당에 동의하는 주주는 주주총회에 직접 출석하여 차등배당 동의에 대한 본인의 의사표시를 하여야 하며, 이를 증빙하기 위하여 의사록에 서명 또는 날인하여야 한다.
〈신설〉	**제42조의 2 【중간배당】** ① 본 회사는 사업연도 중 1회에 한하여 이사회의 결의로 일정한 날을 정하여 그날의 주주에 대하여 이익을 배당(이하 이 조에서 "중간배당"이라 한다)할 수 있다. 다만, 이사회가 구성

되지 않은 경우 주주총회에서 결의할 수 있다.

② 중간배당은 직전 결산기의 대차대조표상의 순자산액에서 다음 각 호의 금액을 공제한 액을 한도로 한다.

1. 직전 결산기의 자본금의 액

2. 직전 결산기까지 적립된 자본준비금과 이익준비금의 합계액

3. 직전 결산기의 정기총회에서 이익으로 배당하거나 또는 지급하기로 정한 금액

4. 중간배당에 따라 당해 결산기에 적립하여야 할 이익준비금

③ 본 회사는 당해 결산기의 대차대조표상의 순자산액이 제2항 각 호의 금액의 합계액에 미치지 못할 우려가 있는 때에는 중간배당을 하여서는 아니 된다.

④ 당해 결산기 대차대조표상의 순자산액이 제2항 각 호의 금액의 합계액에 미치지 못함에도 불구하고 중간배당을 한 경우 이사는 회사에 대하여 연대

	하여 그 차액(배당액이 그 차액보다 적을 경우에는 배당액)을 배상할 책임이 있다. 다만, 이사가 제3항의 우려가 없다고 판단함에 있어 주의를 게을리하지 아니하였음을 증명한 때에는 그러하지 아니하다.
〈신설〉	**제42조의 3【현물배당】** ① 본 회사는 이익배당 및 중간배당을 할 때 금전과 주식 외의 고정자산, 재고자산 등 회사의 재산으로도 배당할 수 있다. ② 제1항에 따라 현물배당을 할 때는 상법 제462조의 4(현물배당)의 규정을 준용한다.
제43조【배당금지급청구권의 소멸시효】 ① 배당금의 지급청구권은 3년간 이를 행사하지 아니하면 시효로 소멸한다. ② 제1항의 시효의 완성으로 인한 배당금은 회사에 귀속한다.	**제43조【배당금지급청구권의 소멸시효】** ① 배당금의 지급청구권은 5년간 이를 행사하지 아니하면 소멸시효가 완성한다. ② 제1항의 시효의 완성으로 인한 배당금은 회사에 귀속한다.

제45조 【발기인의 성명, 주소 등】 본 회사 발기인의 성명, 주민등록번호 및 주소는 이 정관 말미의 기재와 같다.	〈삭제. ○○○○년 ○○월 ○○일〉
제17조의 2 【자기주식의 취득】	제18조 【자기주식의 취득】
제17조의 3 【자기주식 취득의 방법】	제19조 【자기주식 취득의 방법】
제17조의 4 【자기주식 취득의 처분】	제20조 【자기주식 취득의 처분】
제18조 【사채의 발행】	제21조 【사채의 발행】
제19조 【전환사채의 발행】	제22조 【전환사채의 발행】
제20조 【신주인수권부사채의 발행】	제23조 【신주인수권부사채의 발행】
제20조의 2 【교환사채의 발행】	제24조 【교환사채의 발행】
제21조 【사채발행에 관한 준용규정】	제25조 【사채발행에 관한 준용규정】
제22조 【정기총회와 임시총회】	제26조 【소집시기】
제23조 【소집통지 및 공고】	제27조 【소집통지 및 공고】
제23조의 2 【소집지】	제28조 【소집지】
제24조 【주주총회의 의장】	제29조 【주주총회의 의장】
제24조의 2 【의장의 질서유지권】	제30조 【의장의 질서유지권】
제25조 【주주총회의 결의】	제31조 【주주총회의 결의】
제26조 【의결권 및 대리행사】	제32조 【의결권 및 대리행사】
제27조 【총회의 의사록】	제33조 【총회의 의사록】
제28조 【이사와 감사의 수】	제34조 【이사와 감사의 수】
제29조 【이사 및 감사의 선임】	제35조 【이사 및 감사의 선임】

제43조【배당금지급청구권의 소멸시효】 제44조【최초의 영업연도】 제45조【발기인의 성명과 주소】	제55조【배당금지급청구권의 소멸시효】 제56조【최초의 영업연도】 〈삭제. ○○○○년 ○○월 ○○일〉
〈신설〉	부칙 이 규정은 ○○○○년 ○○월 ○○일부터 시행한다.

정 관

샘 플

제정: 2005년 01월 12일

개정: 2011년 12월 01일

개정: 2015년 12월 01일

개정: 2017년 03월 30일

개정: 0000년 00월 00일

에덴동산 주식회사

제1장 총칙

제1조【상호】

본 회사는 "에덴동산 주식회사"라 한다. 영문으로는"The Garden of Eden Inc"라 표시한다.

제2조【목적】

본 회사는 다음 사업을 경영함을 목적으로 한다.

1. 페인트, 잉크, 접착제 제조 및 판매업
1. 도매업
1. 무역업
1. 부동산 임대업
1. 각 항에 부대되는 사업일체

제3조【본점 및 지점의 소재지】

본 회사의 본점은 서울특별시내에 둔다. 본 회사는 필요에 따라 이사회의 결의에 의하여 국내외에 지점, 출장소를 둘 수 있다.

제4조【공고방법】

본 회사의 공고는 서울특별시에서 발간하는 일간 한국경제일보에 게재한다.

제2장 주식과 주권

제5조【회사가 발행할 주식의 총수】

본 회사가 발행할 주식의 총수는 60,000주로 한다.

제6조【1주의 금액】

본 회사가 발행하는 주식 1주의 금액은 5,000원으로 한다.

제7조【회사 설립 시 발행하는 주식의 총수】

본 회사가 회사설립 시 발행하는 주식의 총수는 40,000주로 하고 보통 주식으로 한다.

제8조【주식 및 주권의 종류】

본 회사의 주식은 보통주식으로서 전부 기명주식으로 하고 주권은 일백 주권, 오백주권, 일천주권, 오천주권, 일만주권의 5종으로 한다.

제9조【주금납입의 지체】

주금납입을 지체한 주주는 납입기일 다음 날부터 납입이 끝날 때까지 지체 주금 100원에 대하여 일변 10전의 비율로서 과태금을 회사에 지급하고 또 이로 인하여 손해가 생겼을 때는 그 손해를 배상하여야 한다.

제10조【신주인수권】

① 주주는 그가 소유한 주식의 수에 비례하여 신주의 배정을 받을 권리를 갖는다.

② 회사는 제1항 규정에 불구하고 다음 각 호의 경우에는 주주 외의 자에게 신주를 배정할 수 있다.

1. 자본시장과 금융투자업에 관한 법률 규정에 따라 일반공모증자 방식으로 신주를 발행하는 경우

2. 상법 제542조의3 규정에 따라 주식매수선택권의 행사로 인하여 신주를 발행하는 경우

3. 자본시장과 금융투자업에 관한 법률 규정에 따라 우리사주조합원에게 신주를 우선배정하는 경우

4. 신기술의 도입, 재무구조개선 등 회사의 경영상 목적을 달성하기 위하여 필요한 경우

5. 주식예탁증서(DR) 발행에 따라 신주를 발행하는 경우

6. 외국인 투자촉진법에 의한 외국인 투자를 위하여 신주를 발행하는 경우

7. 중소기업창업지원법에 의한 중소기업창업투자회사에게 신주를 발행하는 경우

8. 회사가 긴급한 자금조달 등 경영상 필요로 국내외 금융기관 또는 법인에게 신주를 발행하는 경우

③ 주주가 신주인수권을 포기 또는 상실하거나 신주배정에서 단주가 발생하는 경우에 그 처리 방법은 이사회의 결의로 정한다.

제11조【신주의 배당기산일】

본 회사는 유상증자, 무상증자 및 주식배당에 의하여 신주를 발행하는 경우 신주에 대한 이익의 배당에 관하여는 신주를 발행한 때가 속하는 영업연도의 직전 영업연도 말에 발행된 것으로 본다.

제12조【시가발행】

본 회사는 신주를 발행함에 있어서 그 일부 또는 전부를 시가로 발행할 수 있으며 그 발행가액은 이사회의 결의로 정한다.

제13조【주권의 명의개서등】

① 주식의 양도로 인하여 명의개서를 청구할 때에는 본 회사 소정의 청구서에 주권을 첨부하여 제출해야 한다. 상속, 유증 기타 계약 이외의 사유로 인하여 명의개서를 청구할 때에는 본 회사 소정의 청구서에 주권 및 취득원인을 증명하는 서류를 첨부하여야 한다.
② 본 회사는 주주명부의 기재에 관한 사무를 처리하기 위하여 명의개서 대리인을 둘 수 있다. 명의개서 대리인은 이사회의 결의에 의하여 선정한다.

제14조 【주권의 재발행】

주권의 재발행을 청구할 때에는 본 회사 소정의 청구서에 다음 서류를 첨부하여 제출해야 한다.

① 주권을 상실한 때에는 확정된 제권 판결 정본
② 주권을 훼손한 때에는 그 주권, 다만 훼손으로 인하여 그 진위를 판별할 수 없을 때에는 전호에 준한다.
③ 주권의 분할, 병합을 구하는 때에는 그 주권

제15조 【수수료】

주권의 명의개서 내지 주권의 재발행을 청구하는 자는 본 회사가 정하는 수수료를 납부하여야 한다.

제16조 【주주 등의 주소, 성명 및 인감 또는 서명 등 신고】

① 주주와 등록질권자는 그 성명, 주소 및 인감 또는 서명 등을 명의개서 대리인에게 신고하여야 한다.
② 외국에 거주하는 주주와 등록질권자는 대한민국 내에 통지를 받을 장소와 대리인을 정하여 신고하여야 한다.
③ 제1항 및 제2항의 변동이 있는 경우에도 같다.

제17조 【주주명부의 폐쇄 및 기준일】

① 본 회사는 매 결산기 종료일 다음 날부터 그 결산에 관한 정기주주총

회 종결일까지 권리에 관한 주주명부의 기재변경을 정지한다.

② 본 회사는 매년 12월 31일 최종의 주주명부에 기재되어 있는 주주를 그 결산기에 관한 정기주주총회에서 권리를 행사할 주주로 한다.

③ 본 회사는 임시주주총회의 소집 기타 필요한 경우 이사회의 결의로 3월을 경과하지 아니하는 일정한 기간을 정하여 권리에 관한 주주명부의 기재변경을 정지하거나 이사회의 결의로 정한 날에 주주명부에 기재되어 있는 주주를 그 권리를 행사할 주주로 할 수 있으며, 이사회가 필요하다고 인정하는 경우에는 주주명부의 기재변경 정지와 기준일의 지정을 함께 할 수 있다. 회사는 이를 2주간 전에 공고하여야 한다.

제18조 【자기주식의 취득】

① 본 회사는 주주총회의 결의로 다음의 방법에 따라 자기의 명의와 계산으로 자기주식을 취득할 수 있다.

1. 거래소에서 시세가 있는 주식의 경우에는 거래소에서 취득하는 방법
2. 주식의 상환에 관한 종류주식의 경우 외에 각 주주가 가진 주식 수에 따라 균등한 조건으로 아래의 방법으로 취득하는 것
   가. 회사가 모든 주주에게 자기주식 취득의 통지 또는 공고를 하여 주식을 취득하는 방법
   나. 자본시장과 금융투자업에 관한 법률 규정에 따른 공개매수의 방법

② 자기주식을 취득한 회사는 지체 없이 취득내용을 적은 자기주식 취득내역서를 본점에 6개월간 갖추어두어야 한다.

③ 자기주식 취득가액의 총액은 직전 결산기의 대차대조표상의 순자산액에서 다음 각 호의 금액을 뺀 금액을 초과하지 못한다. 회사는 해당 영업연도의 결산기에 대차대조표상의 순자산이 다음 각 호의 금액의 합계액에 미치지 못할 우려가 있는 경우에는 자기주식의 취득을 하여서는 아니 된다. 그럼에도 불구하고 자기주식을 취득한 경우에는 이사는 회사에 연대하여 부족한 금액을 배상할 책임을 진다. 다만, 이사가 위와 같은 우려가 없다고 판단하는 때에 주의를 게을리하지 아니하였음을 증명한 경우는 그러하지 아니하다.

1. 자본금의 액

2. 그 결산기까지 적립된 자본준비금과 이익준비금의 합계액

3. 상법시행령에서 정하는 미실현이익

4. 직전 결산기의 정기총회에서 이익으로 배당하거나 지급하기로 정한 금액

5. 중간배당에 따라 당해 결산기에 적립하여야 할 이익준비금

④ 회사는 자기주식을 취득하기 위하여 미리 주주총회의 결의로 다음의 사항을 결정하여야 한다.

1. 취득할 수 있는 주식의 종류 및 수

2. 취득가액의 총액의 한도

3. 1년을 초과하지 아니하는 범위에서 자기주식을 취득할 수 있는 기간

제19조 【자기주식 취득의 방법】

① 회사가 상법의 방법으로 자기주식을 취득하는 경우에는 이사회 결의로 다음 각 항목의 사항을 정하고 주식취득의 조건은 균등하게 정하여야 한다.

1. 자기주식 취득의 목적

2. 취득할 주식의 종류 및 수

3. 주식 1주를 취득하는 대가로 교부할 금전이나 그밖의 재산의 내용 및 그 산정 방법

4. 주식 취득의 대가로 교부할 금전 등의 총액

5. 20일 이상 60일 내의 범위에서 주식양도를 신청할 수 있는 기간

6. 양도신청기간이 끝나는 날부터 1개월의 범위에서 양도의 대가로 금전 등을 교부하는 시기와 그밖에 주식취득의 조건

② 회사는 양도신청기간이 시작하는 날의 2주 전까지 각 주주에게 회사의 재무 현황, 자기주식 보유 현황 및 제1항의 사항을 서면 또는 각 주주의 동의를 받아 전자문서로 통지하여야 한다. 다만, 무기명식의 주권을 발행한 경우에는 3주 전에 공고하여야 한다.

③ 주식을 양도하려는 주주는 양도신청기간이 끝나는 날까지 양도하려

는 주식의 종류와 수를 적은 서면으로 회사에 신청하여야 한다.

④ 회사와 그 주주 사이의 주식 취득을 위한 계약 성립의 시기는 양도신
청기간이 끝나는 날로 정하고, 각 주주가 신청한 주식의 총수가 회사
가 취득할 주식의 총수를 초과하는 경우에는 안분계산하여 정하며
끝수는 버린다.

제20조【자기주식 취득의 처분】

회사가 보유하는 자기의 주식을 처분하는 경우에 다음 각 호의 사항으
로서 이사회가 결정하여 처분한다.

1. 처분할 주식의 종류와 수
2. 처분할 주식의 처분가액과 납입기일
3. 주식을 처분할 상대방 및 처분방법

제3장 사채

제21조【사채의 발행】

본 회사는 이사회의 결의로 주주 및 주주 외의 자에게 사채, 전환사채,
신주인수권부사채 및 교환사채를 발행할 수 있다.

제22조 【전환사채의 발행】

① 전환사채는 다음 각 호의 경우에 발행할 수 있다.

1. 전환사채를 일반 공모의 방법으로 발행하는 경우
2. 경영상 필요로 외국인투자촉진법에 의한 외국인 투자를 위하여 전환 사채를 발행하는 경우
3. 기술도입 필요에 의하여 그 제휴회사에 전환사채를 발행하는 경우

② 전환사채의 총액, 전환의 조건, 전환으로 발생할 주식의 내용, 전환 을 청구할 수 있는 기간 등은 이사회의 결의로 정한다.

제23조 【신주인수권부사채의 발행】

① 신주인수권부사채는 다음 각 호의 경우에 발행할 수 있다.

1. 신주인수권부사채를 일반 공모 방법으로 발행하는 경우
2. 경영상 필요로 외국인투자촉진법에 의한 외국인 투자를 위하여 신주 인수권부사채를 발행하는 경우
3. 기술도입 필요에 의하여 그 제휴회사에 신주인수권부사채를 발행하 는 경우

② 신주인수권부사채의 총액, 신주인수권부사채에 부여된 신주인수권 의 내용, 신주인수권의 행사기간, 주주 및 주주 외의 자에게 신주인

수권을 준다는 뜻과 신주인수권행사로 발행할 주식의 종류는 이사
회의 결의로 정한다.

제24조【교환사채의 발행】

① 본 회사는 이사회의 결의로 교환사채를 발행할 수 있다.

② 교환사채의 발행액, 교환을 행사할 수 있는 기간은 이사회의 결의로
정한다.

③ 교환사채는 본 회사의 보통주식과 교환한다.

제25조【사채발행에 관한 준용규정】

이 정관에서 정한 주주 등의 주소, 성명 및 인감 또는 서명 등 신고, 주
주명부 폐쇄 및 기준일 규정은 사채발행의 경우에 준용한다.

제4장 주주총회

제26조【소집시기】

① 본 회사의 정기주주총회는 영업연도 말일의 다음 날부터 3개월 이내에
소집하고 임시주주총회는 필요한 경우에 수시로 소집한다.

② 총회의 소집은 법령에 다른 규정이 있는 경우를 제외하고는 이사회
의 결의에 의하여 대표이사가 소집한다.

③ 대표이사의 유고 시는 이 정관이 정한 직무대행자 순으로 소집한다.

제27조【소집통지 및 공고】

① 주주총회를 소집함에는 그 일시, 장소 및 회의 목적 사항을 주주총회일 2주 전에 각 주주에게 서면으로 통지를 발송하거나 각 주주의 동의를 받아 전자문서로 통지를 발송하여야 한다.

② 제1항에도 불구하고 자본금 총액이 10억 원 미만인 회사가 주주총회를 소집하는 경우에는 주주총회일의 10일 전에 각 주주에게 서면으로 통지를 발송하거나 각 주주의 동의를 받아 전자문서로 통지를 발송할 수 있다.

③ 자본금 총액이 10억 원 미만인 회사는 주주 전원의 동의가 있을 경우에는 소집절차 없이 주주총회를 개최할 수 있다.

④ 의결권 있는 발행주식 총수의 100분의 1 이하의 주식을 소유한 주주에 대한 소집통지는 2주간 전에 주주총회를 소집한다는 뜻과 회의의 목적 사항을 등기된 공고방법에 따라 2회 이상 공고함으로써 서면에 의한 소집통지에 갈음할 수 있다.

제28조【소집지】

주주총회는 본점 소재지에서 개최하되 필요에 따라 이의 인접지역에서도 개최할 수 있다.

제29조【주주총회의 의장】

주주총회의 의장은 대표이사가 된다. 대표이사가 유고인 때에는 정관에서 정한 순서에 따라 다른 이사가, 이사 전원이 유고인 때에는 출석한 주주 중에서 선임된 자가 그 직무를 대행한다.

제30조【의장의 질서유지권】

① 주주총회의 의장은 그 주주총회에서 고의로 의사진행을 방해하기 위한 언행을 하거나 질서를 문란하게 하는 자에 대하여 그 발언의 정지, 취소 또는 퇴장을 명할 수 있으며, 그 명을 받은 자는 이에 응하여야 한다.

② 주주총회의 의장은 의사진행의 원활을 기하기 위하여 필요하다고 인정할 때에는 주주의 발언 시간 및 횟수를 제한할 수 있다.

제31조【주주총회의 결의】

① 주주총회의 결의는 이 법 또는 정관에 다른 정함이 있는 경우를 제외하고는 출석한 주주의 의결권의 과반수와 발행주식 총수의 4분의 1 이상의 수로써 하여야 한다.

② 법률 및 정관에 다른 정함이 있는 경우를 제외하고는 다음의 경우는 출석주식 총수의 과반수의 찬성으로 한다.

1. 이익배당
2. 이사 및 감사의 급여, 상여금 기타보수 및 퇴직금의 결정

3. 상법 재무제표 및 영업보고서의 승인

4. 이사, 감사의 선임

5. 기타 법률의 규정에 의하여 주주총회의 의결을 요하는 사항 및 이사회에서 요구하는 사항

③ 다음 사항은 출석한 주주의 의결권의 3분의 2 이상의 수와 발행주식 총수의 3분의 1 이상의 수로써 하여야 한다.

1. 정관변경

2. 수권자본의 증가

3. 회사의 합병, 분할, 분할합병, 해산, 청산 또는 회사정리법에 따른 회사정리

4. 본 회사의 영업 및 자산의 전부 또는 2분의 1 이상의 양도, 또는 다른 회사의 영업 및 자산의 전부 또는 2분의 1 이상의 양수

5. 이사, 감사 및 청산인의 해임

6. 자본금의 감소

7. 주식매수선택권을 부여받을 자의 성명, 주식매수선택권의 부여방법, 주식매수선택권의 행사가격 및 행사기간, 주식매수선택권을 부여받을 자 각각에 대하여 주식매수선택권의 행사로 교부할 주식의 종류 및 수

8. 기타 법령의 규정에 의한 경우

제32조【의결권 및 대리행사】

① 주주의 의결권은 1주마다 1개로 한다.

② 주주는 대리인으로 하여금 그 의결권을 행사하게 할 수 있다. 이 경우에는 그 대리인은 대리권을 증명하는 서면을 총회에 제출하여야 한다.

제33조【총회의 의사록】

주주총회의 의사록에는 의사의 경과요령과 그 결과를 기재하고 의장과 출석한 이사가 기명날인 또는 서명하여야 한다.

제5장 이사와 감사

제34조【이사와 감사의 수】

① 본 회사의 이사는 3인 이상, 감사는 1인 이상으로 한다.

② 다만, 자본금 총액이 10억 원 미만인 경우에는 이사를 1명 또는 2명으로 할 수 있으며, 감사를 선임하지 않을 수 있다.

③ 1인 이사인 경우에는 이 정관의 대표이사의 권한과 의무는 1인 이사가 대행한다.

④ 이사회가 구성되지 않은 경우와 감사가 선임되지 않은 경우에는 이사회 권한과 감사의 직무를 주주총회가 대행한다.

제35조【이사 및 감사의 선임】

① 이사와 감사는 주주총회에서 선임한다.

② 이사와 감사의 선임은 출석한 주주의 의결권의 과반수로 하되 발행 주식 총수의 4분의 1 이상의 수로 하여야 한다. 그러나 감사의 선임에 있어서 의결권 없는 주식을 제외한 발행주식 총수의 100분의 3을 초과하는 수의 주식을 가진 주주는 그 초과하는 주식에 관하여 의결권을 행사하지 못한다.

제36조【이사 및 감사의 임기】

① 이사의 임기는 3년으로 한다. 다만 재임 중 최종 결산기에 관한 정기 주주총회 이전에 그 임기가 만료될 때에는 그 총회의 종결 시까지 그 임기를 연장한다.

② 감사의 임기는 3년으로 한다. 그러나 임기가 재임 중 최종 결산기에 관한 정기주주총회의 종결 전에 끝날 때는 그 총회 종결에 이르기까지 그 임기를 연장한다.

제37조【이사 및 감사의 보선】

① 이사 및 감사에 결원이 생긴 때에는 주주총회에서 이를 선임한다. 그러나 법정원수를 결하지 아니하고 업무수행상 지장이 없는 경우에는 그러하지 아니한다.

② 보결 또는 증원에 의하여 선임된 이사 및 감사의 임기는 취임한 날로부터 기산한다.

제38조 【대표이사 등의 선임】

① 본 회사는 이사회의 결의로 1인 또는 수 인의 대표이사를 선임할 수 있다.

② 본 회사는 이사회의 결의로 이사 중에서 회장, 부회장, 사장, 부사장, 전무, 상무 등의 직책을 부여할 수 있다.

③ 대표이사가 수 명일 때는 각자 회사를 대표하되 이사회의 결의로 공동대표 규정을 정할 수 있다.

제39조 【이사의 직무】

① 대표이사는 회사를 대표하고 업무를 총괄한다.

② 전무이사, 상무이사 및 이사는 대표이사를 보좌하고 이사회에서 정하는 바에 따라 본 회사의 업무를 분장, 집행하며 대표이사 유고 시에는 위 순서대로 업무를 대행한다.

제40조 【감사의 직무】

① 감사는 본 회사의 회계와 업무를 감사한다.

② 감사는 이사회에 출석하여 의견을 진술할 수 있으며, 이사가 법령 또는 정관에 위반한 행위를 하거나 그 행위를 할 염려가 있다고 인정한 때에는 이사회에 이를 보고하여야 한다.

③ 감사는 회의의 목적 사항과 소집 이유를 기재한 서면을 이사회에 제출하여 임시총회의 소집을 청구할 수 있다.

④ 감사는 감사에 관하여 감사록을 작성하여야 한다.

제41조【임원의 보수·퇴직금·퇴직위로금·유족·장해보상금】

① 임원의 보수는 주주총회의 결의를 거친 임원 보수 지급규정에 의한다.

② 임원의 퇴직금은 주주총회의 결의를 거친 임원퇴직금 지급규정에 의한다.

③ 임원의 퇴직위로금은 주주총회의 결의를 거친 임원 퇴직위로금 지급규정에 의한다.

④ 임원의 유족·장해보상금은 주주총회의 결의를 거친 임원 유족·장해보상금지급규정에 의한다.

제42조【이사·감사의 회사에 대한 책임의 감면】

① 이사 또는 감사가 고의 또는 과실로 법령 또는 정관에 위반하는 행위를 하거나 그 임무를 게을리한 경우에는 그 이사 또는 감사는 회사에 대하여 연대하여 손해를 배상할 책임이 있다.

② 제1항에 따른 이사 또는 감사의 책임은 주주 전원의 동의로 면제할 수 있다.

③ 제1항에 따른 이사 또는 감사의 책임은 이사 또는 감사가 그 행위를 한 날 이전 최근 1년간의 보수액(상여금과 주식매수선택권의 행사로 인한 이익 등을 포함)의 6배(사외이사일 경우 3배)를 초과하는 금액에 대하여 면제할 수 있다.

④ 이사 또는 감사가 고의 또는 중대한 과실로 회사에 손해를 발생시킨 경우에는 회사에 대한 책임의 면제 및 감면을 적용하지 않는다.

제43조【비상근임원, 고문, 상담역】

① 본 회사는 주주총회의 결의로 비상근 임원, 상담역 또는 고문 약간
   명을 둘 수 있다.

② 상근하지 아니하는 임원 및 상담역이나 고문은 등기하지 아니한다.

제6장 이사회

제44조【이사회】

① 본 회사의 이사는 이사회를 조직하여 회사 업무의 중요사항을 결의
   한다.

② 이사회는 필요에 따라 수시로 소집한다.

제45조【이사회의소집】

이사회는 대표이사 또는 이사회에서 따로 정한 이사가 있는 때에는 그 이사가 회일 일주일 전에 각 이사 및 감사에게 통지하여 소집한다. 그러나 이사 및 감사 전원의 동의가 있는 때에는 소집절차를 생략할 수 있다.

제46조【이사회의의장】

대표이사가 이사회의 의장이 된다. 다만 대표이사의 유고 시에는 전무이사, 상무이사 및 다른 이사의 순서에 따라 의장의 직무를 대행한다.

제47조【이사회의 결의방법】

① 이사회의 결의는 이사 과반수의 출석과 출석이사 과반수의 찬성으로 한다.

② 이사회의 결의에 관하여 특별한 이해관계가 있는 자는 의결권을 행사하지 못한다.

제48조【이사회의 의사록】

이사회의 의사록에는 의사의 경과요령과 그 결과를 기재하고 출석한 이사 및 감사가 기명날인 또는 서명하여야 한다.

제7장 계산

제49조【영업연도】

본 회사의 영업연도는 매년 1월 1일부터 12월 31일까지로 하여 결산한다.

제50조【재무제표와 영업보고서의 작성비치】

① 본 회사의 이사는 정기주주총회 회일 6주간 전에 다음 서류 및 부속명세서와 영업보고서를 작성하여 이사회의 승인과 감사의 감사를 받아 정기주주총회에 제출하여야 한다.

1. 대차대조표

2. 손익계산서

3. 이익금처분계산서 또는 결손금처리계산서

② 감사는 제1항의 서류를 받은 날부터 4주 내에 감사보고서를 이사에게 제출하여야 한다.

③ 이사는 제1항 각 호의 서류와 그 부속명세서를 영업보고서 및 감사보고서와 함께 정기주주총회 회일의 1주간 전부터 본사에 5년간, 그 사본을 지점에 3년간 보관하여야 한다.

④ 이사는 제1항 각 호의 서류에 대한 주주총회의 승인을 얻은 때에는 지체 없이 대차대조표를 공고하여야 한다.

제51조【이익금의 처분】

본 회사는 미처분이익금을 다음과 같이 처분한다.

1. 이익준비금　　　　금전에 의한 이익배당금액의 10분의 1 이상

2. 별도적립금　　　　약간

3. 주주배당금　　　　약간

4. 후기이월금　　　　약간

제52조【이익배당 및 차등배당】

① 이익의 배당은 금전과 주식으로 하며, 정관으로 정한 경우 금전 외의

회사의 재산으로 배당할 수 있다.

② 이익의 배당을 주식으로 하는 경우 회사가 수 종의 주식을 발행한 때에는 주주총회의 결의로 그와 다른 종류의 주식으로도 할 수 있다.

③ 제1항의 배당은 매 결산기 말 현재의 주주명부에 기재된 주주 또는 등록질권자에게 지급한다.

④ 이익배당을 함에 있어 이익배당을 포기하거나 다른 주주보다 낮은 배당(이하 이 조에서 '차등배당'이라 한다)을 받는 주주의 동의가 있는 경우에는 상법의 이익배당 기준에도 불구하고, 주주들 간에 배당률을 달리 정할 수 있다.

⑤ 다만, 차등배당에 동의하는 주주는 주주총회에 직접 출석하여 차등배당 동의에 대한 본인의 의사표시를 하여야 하며, 이를 증빙하기 위하여 의사록에 서명 또는 날인하여야 한다.

제53조【중간배당】

① 본 회사는 사업연도 중 1회에 한하여 이사회의 결의로 일정한 날을 정하여 그날의 주주에 대하여 이익을 배당(이하 이 조에서 "중간배당"이라 한다)할 수 있다. (다만, 이사회가 구성되지 않은 경우 주주총회에서 결의할 수 있다.)

② 중간배당은 직전 결산기의 대차대조표상의 순자산액에서 다음 각 호의 금액을 공제한 액을 한도로 한다.

1. 직전 결산기의 자본금의 액

2. 직전 결산기까지 적립된 자본준비금과 이익준비금의 합계액

3. 직전 결산기의 정기총회에서 이익으로 배당하거나 또는 지급하기로 정한 금액

4. 중간배당에 따라 당해 결산기에 적립하여야 할 이익준비금

③ 본 회사는 당해 결산기의 대차대조표상의 순자산액이 제2항 각 호의 금액의 합계액에 미치지 못할 우려가 있는 때에는 중간배당을 하여서는 아니 된다.

④ 당해 결산기 대차대조표상의 순자산액이 제2항 각 호의 금액의 합계액에 미치지 못함에도 불구하고 중간배당을 한 경우 이사는 회사에 대하여 연대하여 그 차액(배당액이 그 차액보다 적을 경우에는 배당액)을 배상할 책임이 있다. 다만, 이사가 제3항의 우려가 없다고 판단함에 있어 주의를 게을리하지 아니하였음을 증명한 때에는 그러하지 아니하다.

제54조 【현물배당】

① 본 회사는 이익배당 및 중간배당을 할 때 금전과 주식 외의 고정자산, 재고자산 등 회사의 재산으로도 배당할 수 있다.

② 제1항에 따라 현물배당을 할 때는 상법의 현물배당 규정을 준용한다.

제55조【배당금지급청구권의 소멸시효】

① 배당금의 지급청구권은 5년간 이를 행사하지 아니하면 소멸시효가 완성된다.

② 제1항의 시효의 완성으로 인한 배당금은 회사에 귀속한다.

부칙

제56조【최초의 영업연도】

본 회사의 제1기 영업연도는 본 회사의 설립일로부터 동년 12월 31일까지로 한다.

위 주식회사를 설립하기 위하여 본 정관을 작성하다.

2005년 1월 12일(또는 최종 정관개정일)

에덴동산 주식회사

서울특별시 강남구 강남대로100길, 100층(역삼동, 좋은빌딩)

사내이사 홍길동

(시행일)

이 규정은 2005년 01월 12일부터 시행한다.

(시행일)

이 규정은 2011년 12월 01일부터 시행한다.

(시행일)

이 규정은 2015년 12월 01일부터 시행한다.

(시행일)

이 규정은 2017년 03월 30일부터 시행한다.

(시행일)

이 규정은 ○○○○년 ○○월 ○○일부터 시행한다.